巴黎及欧洲
跳蚤市场
漫步

[日] 石泽季里 著
胡静 译

華中科技大學出版社
http://www.hustp.com
中国·武汉

图书在版编目（CIP）数据

巴黎及欧洲跳蚤市场漫步 /（日）石泽季里著；胡静译 .—武汉：华中科技大学出版社，2016.6

ISBN 978-7-5680-0842-6

Ⅰ. ①巴… Ⅱ. ①石… ②胡… Ⅲ. ①集市-介绍-欧洲 Ⅳ. ①F735.043

中国版本图书馆 CIP 数据核字（2015）第 099666 号

湖北省版权局著作权合同登记 图字：17-2015-147号

PARIS & PARIS KARA IKU ANTIQUE MARKET SANPO
by Kiri Ishizawa

Original Japanese edition published by CCC Media House Co., Ltd.
Chinese (in simplified character only) translation rights arranged with
CCC Media House Co., Ltd., Tokyo, through HonnoKizuna, Inc., Tokyo, and
Beijing Kareka Consultation Center

巴黎及欧洲跳蚤市场漫步 ［日］石泽季里 著
Bali Ji Ouzhou Tiaozao Shichang Manbu 胡静 译

策划编辑： 白雪
责任编辑： 高越华
装帧设计： 傅瑞学
责任校对： 九万里文字工作室
责任监印： 周治超
出版发行： 华中科技大学出版社（中国·武汉）
武昌喻家山 邮编：430074 电话：（027）81321913
录 排： 北京楠竹文化发展有限公司
印 刷： 北京科信印刷有限公司
开 本： 880mm×1230mm 1/32
印 张： 4.75
字 数： 161 千字
版 次： 2016 年 6 月第 1 版第 1 次印刷
定 价： 29.00 元

前言

我第一次造访古董跳蚤市场是在25年前。在面向大西洋的法国旅游胜地莱萨布勒－多洛讷，我好奇地逛了一下那个偶然发现的市场。市场上出售可以遮住大半张脸的太阳镜、衬衫等旧衣服，还有随处可见的船锚以及鱼篓等老物件。自那以后，每次造访一个新的国家时，我都会为了尽早直观地了解当地风情而去逛逛那里的古董跳蚤市场。通过古董跳蚤市场中出售的手工艺品、生活用具，不仅能看到当地的历史与风土人情，也能从中了解到当地的日常生活。

后来，我在巴黎古董鉴定师学校开始学习。我每个周末都会带着放大镜前往巴黎旺夫门跳蚤市场，为的就是检验所学知识。在古董跳蚤市场上并不存在教科书中记录的那些超级珍贵的物件，但我们可以从陶器的刻印上推断出制作这一物件的作坊名或年代，在仔细检查物品是否有缺陷或破损的同时还能欣赏到19世纪后半期至20世纪前半期的古董，而获得它们的过程则充满乐趣。当我用意想不到的低价买到珍稀的宝贝时，我会一整天都感觉幸福。至今，我仍然十分怀念那种感觉。

迄今为止，我已经接触过很多古董以及老物件了。但只要我决定“出发去古董跳蚤市场”，我就会在清晨因为兴奋而早早睁开双眼。因为，那里会让我产生如同恋爱般激动的心情，我在等待与那个属于我、能够让我爱怜的“对象”来一场刺激的邂逅。

这是一个能让我们穿越时空、进入梦幻世界的地方。这就是欧洲的古董跳蚤市场。

畅游古董跳蚤市场的7条原则

1. 古董跳蚤市场基本上都用街道名、店铺号等来表示。为了能在逛完后再次找到喜欢的店，你需要在市场内发放的地图上做好标记，或者在本子上做好记录。因此，请不要忘了准备好纸笔。
2. 首先阅读导游介绍，了解市场的大小。有300家店铺的市场需要一整天的时间才能仔细逛遍。我们要在了解了市场规模以及会在那里花费的时间后，再在逛市场时随机应变。
3. 畅游古董跳蚤市场就像恋爱一样，一眼看中的东西要马上与卖家交易；相反，如果对是否购买该物件感到犹豫，你可以暂时离开，等到内心平静后再回来砍价。此时，如果该物件已经卖掉了，那么你就要放弃这个与你无缘的物品。不想买但却与卖家砍价是违反规则的。

4. 事先利用装饰杂志或图片集等进行假想训练，这样能让你的眼睛精准地发现你想要的物品。
5. 大多数市场都只能使用现金。如果你不喜欢带着大额现金闲逛，可以提前确认一下市场附近是否有自动提款机，这样在你看到想要的东西时就可以支取现金了。即便有些地方能用信用卡，但明显会比使用现金的花费更高。
6. 购买古董珠宝或银器时，为了让卖家感觉你是个“行家”，请带上放大镜。即便只是装模作样，也能消除因为是新手而被卖家以假乱真的顾虑。如果是看钟表，那么就给它上好发条，一个小时后再回来确认它是否走得准，然后再购买。生锈的零部件是没法修复的，无论你多么喜欢它的设计也要放弃。
7. 在寒冷的季节里逛市场时不要忘记戴好帽子、手套与暖宝。在酷暑时节也要准备好帽子、纱巾，做好防晒工作。如果随身携带矿泉水、湿巾、面巾纸、电池、计算器、包装材料以及购物袋的话会很方便。

* 书中商品价格以 2013 年 6 月的市场、店铺信息为准（货币 €= 欧元，Dkr= 丹麦克朗）

Part 1

寻找理想中的宝物

巡游极富个性的市场

木板房鳞次栉比的韦尔奈宗市场（Marche Vernaison）可谓是克里昂库的名片；在圣诞节期间会有圣诞老人迎接你。

克里昂库

打起精神去探险
由多个市场构成的欧洲最大跳蚤市场

克里昂库拥有大大小小 13 个市场，是欧洲最大的跳蚤市场。最近，这里比巴黎的任何一个古董跳蚤市场都要热闹。

Marché Vernaison

1. 经过巧妙构思，粗劣的玩具也能变成非现实主义的装饰小物件。想出这个创意的是旧杂货创意店 tombees du camion；暗褐色的绅士自画像配上翻领和胡须，一下子就变成了别具一格的装饰 / 2、3. 作为装饰杂货大受欢迎的大小罗马字母以及铜版印刷用橡胶字母，3 ~ 15 欧元 / 4. 全部都是 0.5 欧元起的商品，吸引了各个年龄层的客人，其中有很多为装饰西餐厅或店铺而大量购买商品的职业买家

Clignancourt

颇受欢迎的多个古董跳蚤市场分布在繁华的蔷薇路两边，想在一天之内逛完是不可能的，最好能锁定目标。转过奥菩提纳威（Au Petit Navire）西餐厅的拐角，里面就有朱尔斯巴耶斯（Jules Valles）等多个市场。

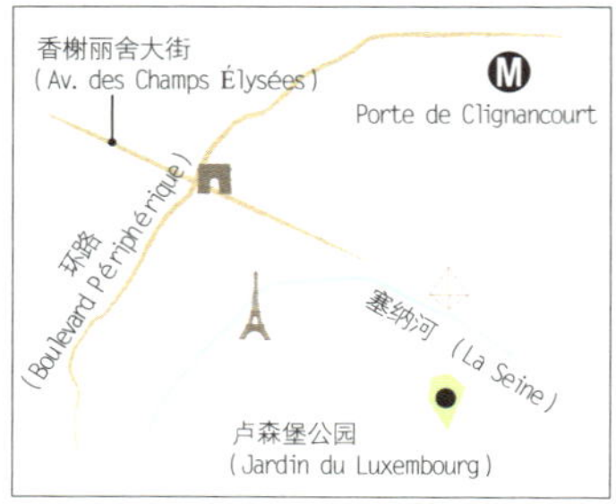

1、2. 1839年，在第一枚邮票问世之后，写信成为了一种潮流这种潮流自19世纪末兴起，到20世纪初开始衰退，同时出现了更为方便的明信片；图中是为给爱人、朋友传递信息而制作的怀旧明信片，裱框后就成为了精美的装饰。2欧元起 / 3、4. M.d' Autreppe大量销售手、花语等以爱为主题的明信片，已经在此经营了二十多年

1	2	3
	4	

1. 认真吹着长笛的雕像，模样非常可爱。很可惜的是，这个精巧的德国萨克斯窑出品的小丑摆台缺少了手指 / 2. 22 年来一直在韦尔奈宗市场上销售法国玻璃工艺品以及玩具的 Les Troubailles du Théa & Jean Marc/ 3. 骑自行车的小熊玩具。80 欧元

创立于 1918 年的韦尔奈宗市场（Marche Vernaison）是克里昂库最早出现板房式货摊的市场，自开业起营业至今。当时这里第一次出现了标记着自家摊位号码的巨大招牌，使顾客能轻而易举地找到每家店铺。赛贝特市场（Marche Serpette）中聚集的众多古董店则出售时尚类物品。这里已经被打造成拥有完善空调系统的连环拱廊式商店街，为的就是让游客们在任何季节都能舒适地漫步。

1. 手上拿着与他自己长得一模一样的摆件的 A·P·艾特先生 / 2. 鸭子、野猪等造型的陶制蒸锅，20 ~ 60 欧元 / 3. 最近很少见到的装饰用铜制厨房用品以及蛋糕模具，据说以纽约为首的全世界的很多餐厅、蛋糕店都在求购这些装饰品，订单络绎不绝。15 ~ 200 欧元

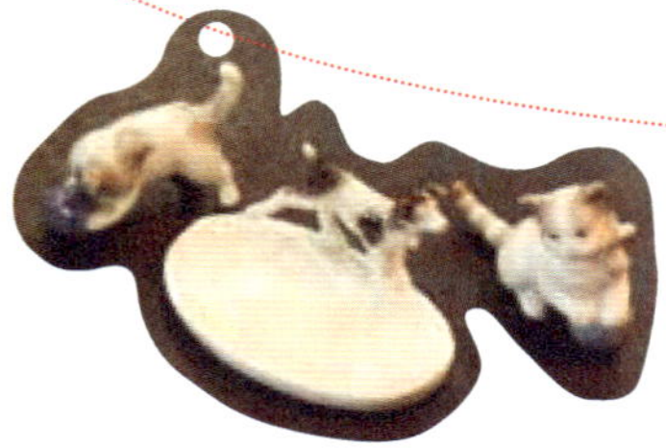

1. 混杂着名家作品的人气里摩瓷盒，38 ~ 45 欧元 / 2. 用银、锡、兽角等多种材料制作而成的手杖、阳伞柄等也可作装饰品，95 ~ 160 欧元 / 3. 可爱的小狗烟灰缸，445 欧元 / 4. 过去，鞋子是带有性感之意的礼品。左 75 欧元，右 135 欧元 / 5. 1900 年时非常流行的用作旅行纪念品的玻璃宝石盒，盒子上刻有旅行地的名称 / 6. 凯迪女士与法布里斯先生；两夫妻是制作陶板、象牙肖像画的“微雕”行家

1. 精选并出售 20 世纪初知名设计师作品的亚娜的店铺就在上图中的店铺旁边 / 2. 带有银质精美装饰的调味瓶，70 欧元 / 装饰艺术中独具特色的设计师简・琉斯的珍品，250 欧元 / 苏格兰特产威士忌 black & white 的宣传用摆件，55 欧元 / 5. 用搪瓷作装饰，令人印象深刻的玻璃酒杯套装，14 件 780 欧元

Marché Paul Bert

保罗·伯特市场（Marché Paul Bert）中的店铺大多是工业设计类店铺，有的出售倒闭工厂处理的照明用品、家具，也有的出售怀旧手工艺品商店里的陈货。巴黎饮食空间的搭建者——科斯特兄弟创办的咖啡馆 Ma Cocotte 也开在这个市场的入口处，所以即便是市场关门后，这里依然十分热闹。

1. 用古董与老物件作装饰的 Ma Cocotte，这里的食物深受好评 / 2. 个性独具的店铺鳞次栉比 / 3. 装饰用专业陶瓷店铺 Lauence Vauclaire 中的曲奇系列陶瓷装饰品，1200 欧元；带有玉米叶花纹的咖啡杯套装，700 欧元 6 套 / 4. 英国明通公司出品的容器，1800 欧元

1.Au Petit Navire 的员工们都很亲切；可以品尝一下这里制作的奶油煮小牛肉等法国传统家常菜，盛在大碗中的蒸粗面也非常好吃 / 2. 这里通常都是人满为患，因此最好避开最为混乱的 12 ~ 13 时 / 3. 打扮入时的店主简·卜德尔先生

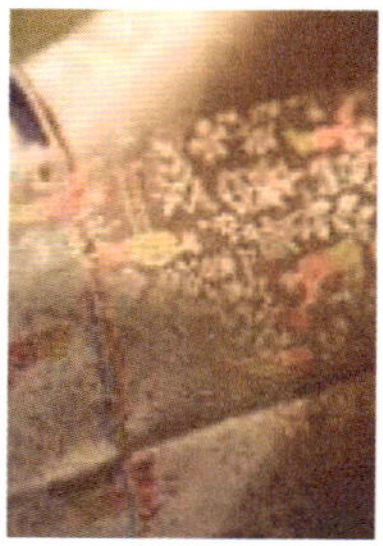

	1	
2	5	7
3	6	8
4		

1. 在夏都市场（P20）也会定期出摊的L' Art d' Aimer在克里昂库市场上拥有3家店铺；其中最新的保尔・贝特的店铺里满是18世纪～1970年前后的手工艺零件 / 2. 样式齐全的纽扣。一排20欧元 / 3. 人称“神韵独具”的里昂丝绸图样收藏本，300欧元 / 4、6. 可以自己创意做装饰品的编织物以及缎带花，小珠花一袋5欧元 / 5. 200cm×40cm的领带样品面料，可以用来做围巾。70欧元 / 7. 完成的刺绣蝴蝶结装饰品，10欧元起 / 8. 因工厂倒闭而出售的成色上好的1900年的丝线

Marché Jules Vallès

1. 在 L' Art d' Aimer 装饰用品店中，满是价格虽然较贵但在其他地方难以发现的个性商品。手形文件夹每个 60 欧元 / 2. 能展开、可使用的 20 世纪初制造的具有装饰作用的剧场用小型望远镜。600 欧元起 / 3. 帽箱中堆满了工厂为知名高级时装店制作的布料与缎带等物品的小样。30 欧元起 / 4. 像是在里约热内卢的狂欢节上用的羽毛装饰品 / 5、6. 精炼玻璃店巴蒂维尔出售的装饰零件，一袋 1 ~ 6.5 欧元 / 7. 20 世纪初的纯铜尺子，250 欧元

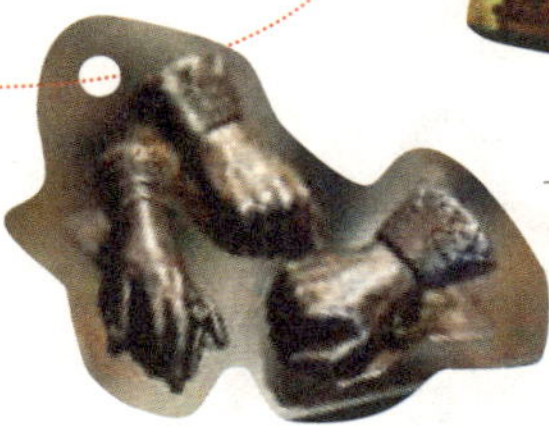

1 | 2

3

4 | 5 | 6 | 7

随着市场的活跃，此前一直给人以“地摊儿”感的茹尔·瓦莱斯市场（Marche Jules Valles）也进行了整顿，让游客更容易进入。在这个原本以同行业人士为销售对象的市场上，你可能只用半价就能买到在黄金地段的市场中出售的相同商品。一定要早点儿去那里看看！

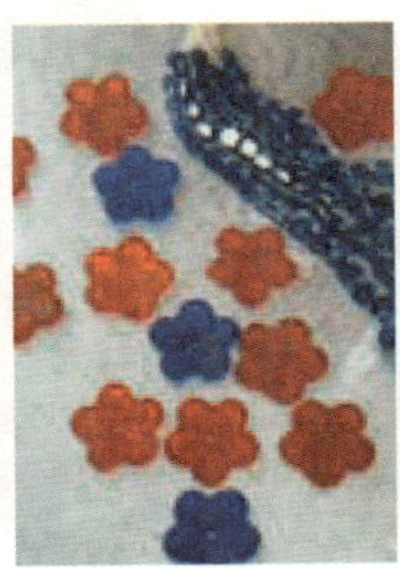

Marché Malassis

1 4 5 2 3 6

1. 用装饰文字雕刻上徽章或首字母的 1840 ~ 1850 年生产的克里西工坊的玻璃杯，由人工吹制的薄玻璃制作而成。左右各 60 欧元，中 80 欧元 / 2. 英国制造的果酱瓶套装，250 欧元 /3. 脚部中空、可以看到美丽的气泡在其中缓缓上升的香槟酒杯，180 欧元 / 4. 流光溢彩的精美咖啡杯套装，450 欧元 / 5. 1830 年巴黎博耶公司出品的陶器；餐盘与果盘套装共 18 片，2200 欧元 / 6. 多姆公司出品的玻璃杯，每个 10 欧元

我最近常逛的是马拉西斯市场（Marche Mallassis）中一家名叫 Martine Lahaye 的店。这是一家由姐弟两人经营的小店，有 19 ~ 20 世纪初的精美玻璃制品、陶瓷器、银器以及一些装饰橱窗用的小物件。这些物品中，我认为最好的是克里西人工吹制而成的水晶玻璃。克里西是一家在 19 ~ 20 世纪前半期，以生产人称“乳白玻璃”的美丽有色玻璃而得名的作坊。其他还有能让人联想到那时的淑女们日常生活的棉线盒、香水瓶等装点女性梳妆台的精美小物件。

前段时间，店主马丁问我：“为什么日本人买装水用的大玻璃杯来喝葡萄酒呢？”这大概是因为德国李代尔（RIEDEL）公司用于客户体验的大葡萄酒杯成为了社会主流，所以日本人都认为“葡萄酒杯越大越好”。然而在过去，葡萄酒、香槟都是十分昂贵的，因而越古老的玻璃杯也就越小。其中，有些白葡萄酒杯的大小就和饮餐后甜酒使用的杯子一样。

1. 在 18 世纪的麦森大受欢迎的陶瓷花，是 1900 年的法国制品，带有金彩的奢华青铜台灯。1500 欧元 / 2. 活跃于 20 世纪 20 年代的陶艺家阿里・毕特尔制作的妖精，他的作品因为幻想题材与人物的温柔表情而收获了众多爱好者。650 欧元

古董玻璃杯的另一个用途是，它能让你找到闲聊的话题。杯脚部分中空，能够看到美丽的气泡逐渐升起来的香槟酒杯，以及由让·琉斯、焦耳吉·修波利埃等知名设计师制作的20世纪30年代的玻璃杯，会让对古董不感兴趣的人也为之倾倒。

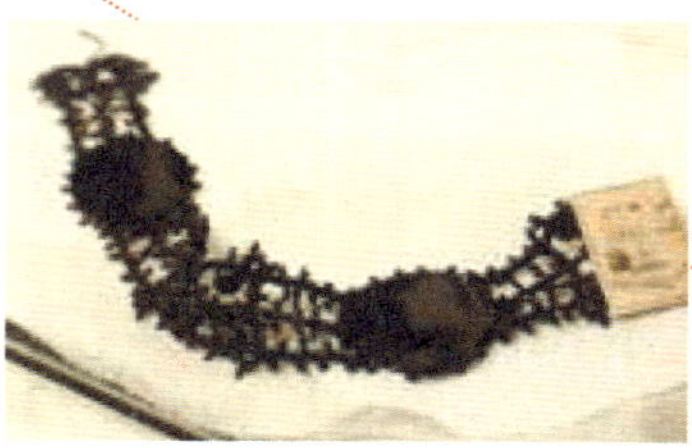

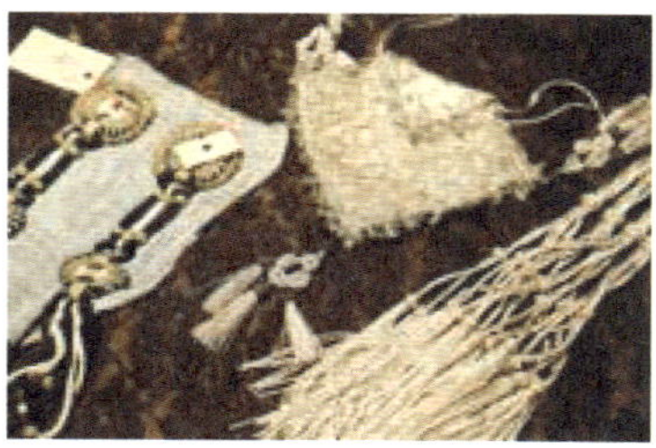

1. 在巴黎2区持续经营了很久的维尔纳·巴尔朗曾是专为高级服装厂收集女式礼服配件、制作装饰样品的公司，而Les Perlésd' Antan店中则收集了这家工厂中的很多物品 / 2. 可直接拿来当作手串的浮木化石与黑色材料制作而成的编织物，25欧元 / 3. 曾经的维尔纳·巴尔朗公司经理的女儿弗洛拉·巴尔朗女士 / 4. 崭新的缎带设计样本 / 5. 只需缝合就能做成的手包，300欧元 / 6. 流苏140欧元起

1. 专业设计师以及模特学校的学生经常会光顾这里 / 2. 使用食用明胶制作而成的饰品，0.44 欧元 / 3. 让你能够自己进行手工制作的装饰品零件，43 欧元 / 4. 由于装饰珠子等配件的销售量很大，因此在古董跳蚤市场中，稀少的秤成为了必需品；黑色编织物中，带有金属绣的物品要比带有精炼玻璃的物品更加古老。60 欧元起

乘坐 85 路巴士来一场巴黎观光

去克里昂库跳蚤市场可以乘坐地铁4号线至终点站克里昂库（Porte de Clignancourt）后步行到达。不过，有的人可能会把下车后看到的非洲市场错认为是目的地，因为感觉“没什么可看的”而早早结束了旅程。另外，最近经常发生罪犯砸破出租车玻璃抢劫乘客手提包的案件，所以人少的清晨与傍晚在这附近闲逛是很危险的。

因此，我比较推崇的是乘坐从卢森堡公园（Jardin du Luxembourg）出发的85路巴士直接到达市场中心——玫瑰路（rue des Rosiers）的保罗伯特市场（Marche Paul Bert）站。穿过塞纳河、途经遗留着往昔巴黎风情的商店街与蒙马特山丘的巴士不仅安全，还能透过车窗欣赏风景。虽然这样会比乘坐地铁多花一倍的时间，但却能享受到观光的乐趣。

在暖暖的阳光的邀请下，很多巴黎本地人都会闲庭信步至古董跳蚤市场。

夏都

露天营业的美味摊位
能满足美食家的巴黎郊外国立定期市场

在巴黎乘坐郊外铁路RER的AI线，乘坐去往圣日耳曼昂莱（Saint-Germain - en-Laye）方向的车，约30分钟后就会到达夏都·科鲁瓦西（Chatou Croissy），一座位于塞纳河沿岸、有着无限风光的城市。19世纪末，这里印象派画家云集，众多名作皆诞生于此。电影《天使爱美丽》中出现的雷诺阿的《游艇上的午餐》也是以这里的音乐餐厅为背景创作的。

能发出美妙动听的叫声的机械鸟，1000欧元。

1. 镶上框后就会成为精美的装饰品。色彩鲜艳、独具刺绣魅力的可佩带圣母像，5枚20欧元 / 2. 看到后就会不禁露出笑容的可爱人偶，好像正在伴着音乐起舞呢 / 3. 19世纪时流行的里摩瓷盒，是非常受欢迎的收藏品，上面有Fait Main或Décor Main、Limoges France等签名的是真品，要检查好合页是否结实。各20欧元

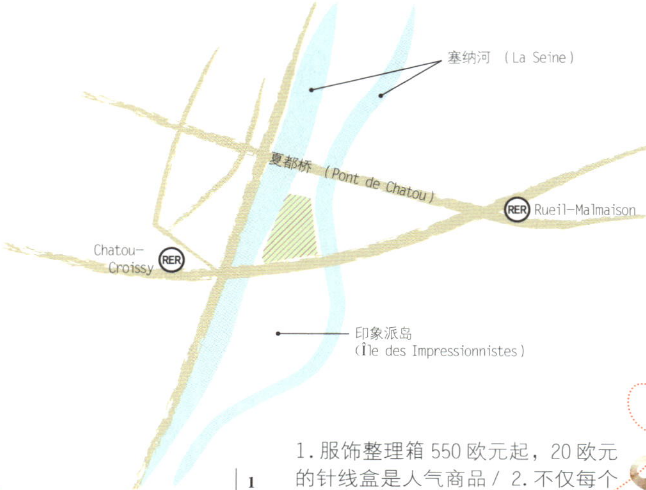

Chatou

乘坐郊外铁路RER的AI线， 从Chatou-Croissy站步行；或者在前一站Rueil-Malmaison下 车，在站前乘坐20分钟一趟的免费迷你观光车也很方便。

1. 服饰整理箱550欧元起，20欧元的针线盒是人气商品 / 2. 不仅每个摊位都很大，而且这里从小家具到手工用品应有尽有。夏都市场汇集了很多让观光客们心动的商品，这是它的魅力所在

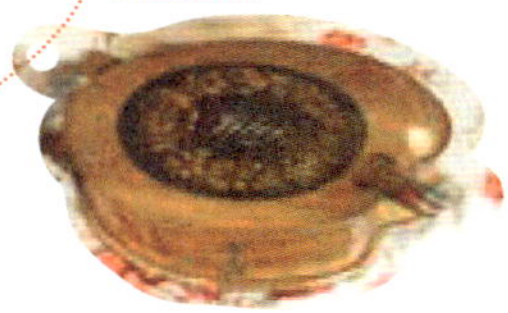

夏都在每年的3月与9月会举办“古董、旧货国立定期市场”。1970年起定期开放的这一市场上零售店云集，约有800多人出售品质优良的古董与老物件。这里的商品不仅价格要比巴黎市内便宜很多，而且很多商品就连地道的巴黎人都会拍手称赞。

市场路面宽阔，每家店铺都很显眼，拿着入口处分发的地图逛起来非常方便。先去连接正门与后门的通道（Allé）转上一圈，然后再去名曰“流”（rue）的内侧通道淘宝吧！市场中心位置的街道上有屋顶和绒毯装饰，在那里可以买到值钱的宝石、纯银餐具等。

1. 位于波普因科特大街上的12号摊位马达木·西科室带有帐篷，因此即便是在雨天，你也可以尽情挑选喜欢的古董 / 2. 搬运玻璃杯用的篮子，在屋顶平台上享用开胃酒时可以用它 / 3. 19世纪后半期，洛林地区制作了大量浪漫的搪瓷玻璃制品；美得让人出神的蓝色利口酒瓶，200欧元 / 4. 小巧而富有手感的小盒子，适合收纳首饰或针线等，80欧元

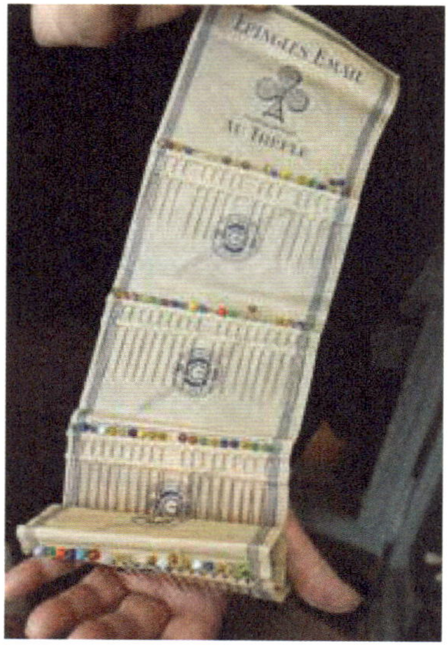

1 3
2 4

1. 努维尔大街上的 1 号摊位经营人气手工用品以及小家具，这里经常会有一些因为各种各样的烦恼而长时间流连于此的女性 / 2. 在 19 世纪后半叶的巴黎，此前一直用作丧服的黑色礼服裙开始大行其道，黑色的古董纽扣就是那个时代的产物。一排 8 欧元起 / 3. 带有各种颜色玻璃珠的可爱绷针，竟然有 100 根，真想把它们都收藏起来 / 4. 从欧洲的花布到丝绸布料，品类丰富，很多人来这里寻找适合制作布艺的布料。45 欧元起

如果想把这种规模市场的每家店铺都仔细看完，你的时间恐怕不够，因此建议大家先远远地打量一下所有的店铺，然后再挑选喜欢的几家，仔细对里面的商品进行挑选。如果遇到了让你拿不定主意、不知该不该买的商品，你可以向店家索要带有商品名称以及价格的商品卡，然后在你的地图上标记出地点，这样就可以过后再回来讨价还价了。

1. 小号的利口酒杯，方便放进包里携带。20 ~ 65欧元/陶瓷制品最适合饮用温热的利口酒/ 2. 克里斯托弗公司生产的银柄点心叉，6支150欧元左右/ 3. 大小适中的陶罐，非常适合作盐罐。180欧元；陶罐前放的是黄油印章。过去，各个黄油制造商都有自己独特的印章。15欧元

推荐夏都市场的另一个原因是，你可以在这里尽情享受惬意的户外午餐。这里能买到煮制的巴黎风味火腿、罕见的英属安的列斯群岛奶酪，还有美味的勃艮第葡萄酒。你也可以在常设的遮阳帐篷下细细品尝美味。另外，这里还有用石臼碾压而成的第戎红葡萄酒芥末以及里昂香肠等商品，十分适合买来作礼品。

1 | 2
3

1. 用来装小麦粉、盐、砂糖等产于 1030 年的方格罐子；在此之前，这种罐子大都是陶瓷制品 / 2. 上等的彩绘瓷器，19 世纪比利时制品，50 欧元 / 3. 调味料的芳香刺激你的食欲；克里奥尔餐饮摊位

1 | 2

1. 18世纪钟表匠发明的汽车仪表 / 2. 伏尔泰大街是美食宝库。从鹅肝酱到香肠，美食多到眼花缭乱

以绚烂绽放的玫瑰著称的拿破仑与妻子约瑟芬的城堡

从夏都的市场正门乘坐免费小火车就能到达RER的吕埃·马迈松（Rueil Malmaison）车站，这个城镇中有1799年拿破仑与妻子约瑟芬购买并度过了一段愉快时光的马迈松城堡（Château de Malmaison）。现在，城堡中拿破仑的书房、图书室等还保持着原样，你可以欣赏到平时看不到的19世纪初的"帝王风格"装饰。另外，这里还有当时风靡一时的时尚裙装等很多约瑟芬喜爱的精美物品。

城堡中的庭院里栽种着250种玫瑰，在玫瑰盛开的季节芬芳弥漫，很多巴黎人都会到此一游。这个庭院中有从全世界收集来的玫瑰原种，为现代玫瑰育种做出了很大贡献。

虽然约瑟芬因为没有诞下皇子而被迫与拿破仑离婚，但她始终爱着拿破仑。据说她一生怀念着与皇帝的爱，在这座城堡中度过了余生。

圣母院教会广场上到处都是洋溢着流行艺术气息的用具以及民间工艺品。

莱桑德利

闲逛本地居民开设的店铺
塞纳河沿岸家庭氛围十足的大市场

从巴黎开车到莱桑德利需要两个半小时。位于诺曼底地区的莱桑德利距离因莫奈的名作《睡莲》而知名的吉维尼大约30公里，沿塞纳河而下就能到达。19世纪后期这里开通了通往巴黎的铁路后，因为塞纳河水面倒映的充满幻想的帆影而吸引了众多画家来此。令人最为意外的是，这个城镇是法国国内英国游客最多的地方。这是因为这里在12世纪时隶属于剑术高手——著名的狮心王理查德一世，据说不少游客是为了一睹他所建造的城堡遗址才来到这里的。

1. 很有个性的小盒子，40欧元 /2. 制作得小而精的洋娃娃的椅子，20欧元 / 3. 梦露粉丝们垂涎的带有相框的梦露照片 / 4. 标志公司生产的咖啡研磨器以及胡椒研磨器，左起分别为56欧元、49欧元、95欧元

1 | 2

1. 莱桑德利是一片广阔的牧场，有着仿佛铺上了绿色绒毯的田园风情，其间还点缀着一些 17 世纪的奢华建筑，以西斯莱为首的印象派画家都曾描绘过此地 / 2. 从英国观光客非常喜爱的盖拉德城堡遗址能看到阳光照耀在塞纳河上的绝美景色

诞生于法国大革命时期、法国东北部国境附近的龙威窑烧制的瓷器。带有异国风情的珐琅彩、为你的餐桌增添魅力的调料瓶。50 法郎。

在莱桑德利，每年 9 月的第二个周末都会在全城开设大型古董跳蚤市场。只要支付 12 欧元，任何人都可以在这里摆摊销售。不光有正经生意人，还有很多将这里当作是自由市场的本地人在此“摆地摊”。因此，这个市场上的商品新旧混杂，要想淘宝极费精力。不过，对于购买古董来说，由于这里摆摊的大多是不需要承担交通费用的本地人，因此商品的价格会比巴黎便宜很多。

Les Andelys

开车可以从巴黎走高速A13号线往卢昂（Rouen）方向，从17号盖龙（Gaillon）出口出来，经过D316、D313。如果坐电车，可以从圣·拉萨尔（Saint-Lazare）乘坐特快列车，从卢昂开往盖龙大约1小时。随后可以乘坐出租车。莱桑德利古董市场上大约有1300家店铺。

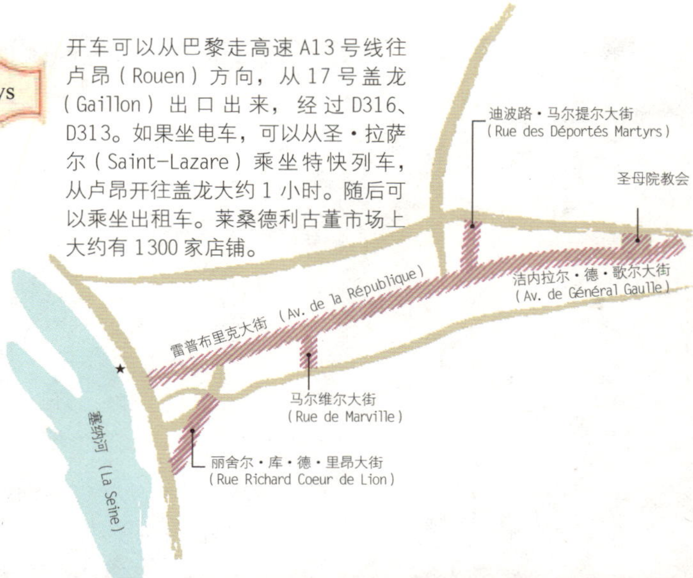

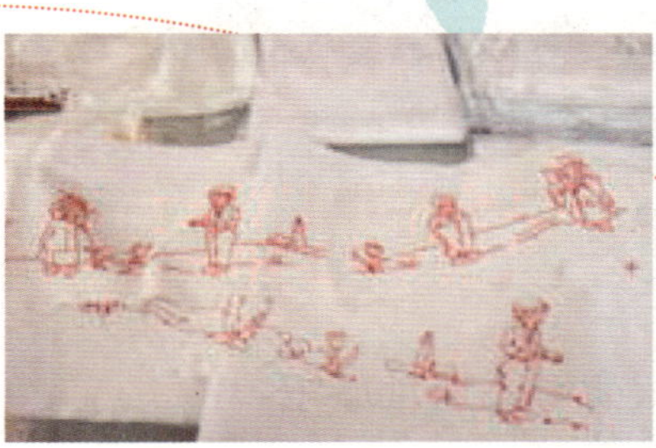

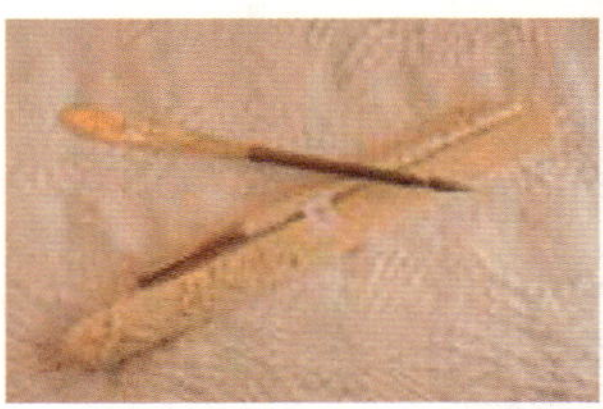

1｜2｜3

1. 白色蕾丝上绣着可爱的红色刺绣的窗帘围边，1.45米12欧元／2. 第厄普的象牙工艺品变身为珠宝、扇骨以及缝纫用具后极受女性喜爱；裁纸刀与装饰有珍珠母的钢笔成套出售，150欧元／3. 收纳在盒子中的儿童用顶针，一套45欧元

诺曼底地区的古董跳蚤市场中有很多种类的黄油盒或牛奶瓶出售，盒子上带有奶牛图案的黄油盒子年代不同，价格也有差异。15 ~ 20 欧元。

驻足塞纳河岸边，留宿海关遗址旅馆

莱桑德利曾经是装卸港口，是进口货物运输至巴黎的重要场所。塞纳河两岸都设置了“金锁”，而这个城镇正是依靠通行税才得以持续发展的。

在欧洲旅游指南上，大受好评的“旅游居住地”就有在曾经的海关遗址上兴建的以烹调闻名的旅馆。在这里能够尽享苹果派、奶酪、卡法多斯（苹果白兰地）等当地美食。

塞纳河在不同的时刻会展现出不同的风貌，而面对着塞纳河的朱妮亚的甜蜜旅馆则可以让你随时眺望到它。客房内装饰有这一地区的女子出嫁时会带上的收纳亚麻布绣品等物的“套裙箱”，以及以巧妙的手工制作而成的古董，打造出一个安静、舒适的睡眠环境。

1. 放在带滚轮的桌子或钢琴腿下面防止划伤地板的冲压玻璃制成的防护垫，4 个 12 欧元起 / 2. 1972 年倒闭的萨比诺冲压玻璃工厂制造的摆件，15 欧元起，放几个在窗边作装饰会非常漂亮

我想在这个城镇中找到的是 1930 年前这一地区一直在制作的“海绵印花”陶器。之所以利用海绵进行描绘，据说是为了方便陶艺之家的孩子帮忙而发展出的一种技法，最终制成了这种成熟、灵活、可爱的陶器。另外，在装饰艺术时代，与著名玻璃设计师赫奈·拉里科平分秋色的毛里斯·欧内斯特·萨比诺（通称萨比诺）就是活跃在这一地区的艺术家。通常利用动物、鸟类等进行铸造的“压制玻璃”呈现出乳白色与清澈的蓝色，让印象派画家联想到自己喜爱的这片土地上的柔和的光，而这也是这些玻璃制品的魅力所在。

作为装饰品依然很时尚的 20 世纪 30 年代的时钟。虽然指示的时间并不准确，但表针还能动，应该可以修复。240 欧元。

1 | 2

雷普布里克大街两侧的高大梧桐树随风轻摆，街道上经营各种各样新旧物品的摊位鳞次栉比 / 2. 这一地区直到 1930 年左右才出现了原本诞生于英国的海绵印花法；左侧是在瓶中放入香水后利用灯的热量进行香薰的调香用品，24 欧元

首先在丽舍尔·库尔·德·里昂大街上拿一张地图，然后就赶往宝物集中地——圣母院教会广场吧！在这里仔细淘宝过后，再去洁内拉尔·德·歌尔大街，或者去阳光从高大的梧桐树缝隙间照射进来、令人感到心旷神怡的雷普布里克大街。另外，公园对面的马尔维大街以及迪波路·马尔蒂大街也有很多流行工艺品、铝制厨房杂货等出售。

在马尔维尔大街上看到的出售厨房用品的摊位，各色厨房用具齐备；锅 25 欧元，锅铲悬挂架每套 85 欧元，与蓝色套装一样受欢迎的是红色套装。

设计时尚的20世纪30年代的电风扇，30欧元。还能看到电视、收音机等电器制品。

1. 干货店在卖货时使用的曲木计量杯，每套110欧元 / 2. 每年都会在教会广场上摆摊儿的桐迪欧先生，他专门出售人称流行艺术的民间工艺品以及用具等。他手里拿的是收苹果工具，用这个工具收获苹果就不怕它们掉在地上摔坏了 / 3. 1820年，人们用浸过蜡的木棉线作为灯芯，将其放入杯中点火照明；这是通常用来为酒窖照明的“拉德杯”，5欧元。

在摊位费用比正街便宜的背街上，你能看到小姑娘为了换零花钱在出售自己不要的玩具，而她的父母则在一旁出售年代久远的电风扇。能使人感受到秋韵的莱桑德利的大型古董跳蚤市场始终萦绕着这样一种祥和的氛围。

在孩子们不要的玩具中也会意外地发现可爱物品 / 1. 在《天使爱美丽》中曾出现的“白雪公主与七个小矮人”的塑像，作为花园装饰物非常受欢迎 / 2. 在 1 月 6 日的主显节上吃的王朝圣饼（Galette des Rois）中放入的指甲大小的陶瓷人偶，很多法国人都会收集这种人偶

只要给家里用的抽屉装上老式把手，它立刻就会变为漂亮的装饰品。一共 75 欧元

第厄普象牙微雕美术馆

19世纪初的巴黎，由贵族以及资产阶级女主人开办的“沙龙”中聚集了文化人与艺术家，他们每天都过着奢华的生活。贝利公爵夫人正是那时巴黎社交界中的核心人物。据说是她让那个时代视小脚为性感，并让令人惊叹的美丽象牙小饰品开始风靡。

始终被支气管炎所困扰的公爵夫人会定期前往法国首个海边度假胜地第厄普。第厄普是在17世纪时作为法国的贸易口岸而繁荣起来的港口城市，在其进口的产品中，非洲的象牙是最能获得高额利润的，因此城镇中也聚集了很多能工巧匠，这里逐渐成为了象牙微雕的发祥地。

象牙微雕是用1 mm以内极细的雕刻刀制作而成的精细艺术品，工匠们在基督像、宗教仪式用具、香烟盒、扇子、阳伞柄上等进行多层精微雕刻。直至计算机技术已然发达的现代，这种技术仍然不能被完全替代。象牙微雕虽然只是法国工业革命中的一小部分，但它却因为贝利公爵夫人而在巴黎的社交界再次引起轰动。

在第厄普的美术馆中，可以欣赏到18～20世纪初的象牙微雕。为了能在古董跳蚤市场上选择到品质优良的商品，希望大家在此之前找机会多多欣赏珍品。

在进行年度大扫除的同时，很多当地人会把不需要的日用品一并拿来出售。在这些物品中发现意想不到的宝贝也是一件非常有趣的事。

里尔

36小时不停歇的法国北部大型跳蚤市场
令人难忘的贻贝午餐

从巴黎乘坐高铁到达里尔 TGV 大约需要 1 小时。里尔位于比利时国境附近的北部－加莱海峡地区，19 世纪曾因纺织业而繁荣一时。但在第二次世界大战时，这里的美丽建筑几乎完全被破坏。2004 年，这里被选为欧洲文化首都，在其近郊兰斯修建了卢浮宫美术馆分馆，游客也逐年增多。每年 9 月的第一个星期六的下午 3 点到翌日午夜，整个城镇会举办广为人知的“布拉多利跳蚤市场”。

1. 带着浓浓的度假感的 9 月刚刚来临，到访这里的人们也是一派闲适轻松 / 2. 很多比利时的收藏家都在从巴黎城门延伸过来的内堡大街上占了摊位；法国航空头等舱配发的烟灰缸，10 欧元左右。这是一个利用适宜的价格发现宝贝的大好机会

1 | 2

1. 就在大多数商店关门时，几家分散在城镇中的真正的艺术画廊、古董店等则在店前摆放商品进行特卖，这也是一个获得“真品”的好机会 / 2. 小巧可爱的收获之神——圣·昂特旺的塑像，10 欧元

“布拉多利”源自法语的“布拉德恩”（意为烤肉）。从 15 世纪起，法国北部、比利时以及荷兰的佛兰德斯地区就会定期开放集市。因为集市中一定会出售烤肉，因此人们就把集市称为“布拉多利”。

这个集市每年都因三百多万外来访客的到来而变得热闹非常。集市开设在绵延 200 公里的城镇中心街道上，大约有一万名从业者在此出售各种物品。除了街道上最繁华的部分地段外，其他地段都是免费经营，因此也会有业余经营者在此出售一些二手餐具。在这样的日用品中会有一些很有意思的物品，但要在仅仅开放一天的城镇集市中发现它们却很难。可以逛逛职业卖家较为集中的简·巴蒂斯塔·鲁巴大街、里昂·冈贝塔大街、巴黎·那雄纳尔大街、努布大街、贝慈妮大街，并且可以从里尔歌剧院出来后，集中逛逛鲁贝大街。如果时间充裕，还可以逛逛只在周末出售古董的业余收藏者较为集中的西蒙·博朗广场或市政厅广场。

Lille

从巴黎北站出发，乘坐高铁 TGV 到达去往城镇中心极为方便的里尔·佛兰德斯站大约 1 小时车程，每小时有 1 ~ 2 班车往来。在举办布拉多利时，所有的街道都是步行者的天堂。从车站乘坐市区电车 R 线到达珀尔特·德·鲁巴大街非常方便。

1 2 3 4

1. 装饰艺术时期流行的用"克拉克蕾"技法制作的陶瓷摆件——踢足球的少年，8 欧元 / 2. 法国的储蓄罐也是猪 / 3. 圆圆的大眼睛凝神注视着什么的猫咪会让你不由自主地询问"这个多少钱。"？这是一家非常喜欢猫、只卖猫咪相关商品的货摊 / 4. 18 世纪后半期，在英国的斯塔福德郡诞生的"小酒杯"（形状像是戴着三角帽的胖老头）曾经在 19 世纪末的法国再次流行

1 2 3

1. 20世纪初，普通家庭都装上了电灯；图为那时的电灯与遇到台风时的救急灯具，15 ~ 30欧元 / 2. 现在已经不再生产的绿色铀玻璃杯会在黑夜中发出奇怪的光，是收藏家的钟爱品 / 3. 里尔附近曾有很多煤矿，在煤矿中使用的提灯采用了与那段黑暗的历史形成对比的流行色

该饰品位于英格兰大街上的49号珠宝商铺中；会让人想起波洛格内地区渔民使用的渔网的十字架，200欧元。在这里还能找到珍贵的诺曼底地区出产的民族珠宝。

在里尔的布拉多利集市上吃午餐时，一定要点的就是葡萄酒蒸贻贝与炸薯条！城镇中到处都有凉棚，到处都能听到人们爽朗的笑声。

在布拉多利跳蚤市场上，除了寻找古董外，另一大看点就是每年在此举办的吃贻贝大赛。这里的餐馆会比拼哪家的红酒蒸贻贝销路最好，因此店家会把客人吃完剩下的贝壳放在店门前堆成小山，在布拉多利结束时称量贝壳山的重量。如果你到访里尔的布拉多利，午餐时请一定要来参加这个余兴节目。

对于大人来说，玩具也是一种珍贵的收藏品，有些收藏者还会专门收集玩具。另外，布拉多利也是孩子们重要的收入来源。因此，此时也会出现一场玩具出售热。没想到小卖家们卖起东西来很是严谨，自己喜爱的玩具不会减价出售，而且他们还会告诉在旁边打折销售的父母："卖得太便宜了！"

到处都是到此淘宝的人，在庞特大街上还有出售当地名产品的店铺。

在葡萄酒的故乡享受夏天的盛大活动——“阁楼旧货市场”

勃艮第地区的托隆河畔艾朗县拥有大面积的山坡，日照条件非常适合葡萄生长，是广受喜爱的白葡萄酒“沙百里”的产地。在等待着葡萄丰收的8月的第一个星期日，这个田园小镇会举办“阁楼旧货市场”。临近村镇的人们带着众多收藏品汇聚于此，放眼望去，人山人海。

1 | 2 3

1. 这里是葡萄酒的故乡，可以购买到像1977年的波尔多葡萄酒等陈酿葡萄酒，但是这些酒的保存状态并不确定/2. 在鲁巴恩大街上，出售纯银餐具与水晶香水瓶等价值不菲的古董的摊位比比皆是/3. 在夏都也有出售的公鸡形状的糖果盒，15欧元

1. 很多勃艮第人世世代代将葡萄酒视为财产，市场上到处都是值得一看的古董/2. 佩尔皮耶先生与凯雷尔女士的摊位设在诺尔大街的入口处，这里出售 20 世纪初的陶器以及厨房用品，1 欧元起

“阁楼旧货”顾名思义，就是把从家里的阁楼中发现的玻璃器皿、瓷器等实用品拿来出售的集市，卖家们大都是年轻人。在这里，用 2 ~ 10 欧元的低廉价格就能买到诺曼底地区出产的高级玻璃制品（铅含量少于其他玻璃制品的玻璃杯）。除此之外，这里还出售在巴黎万国博览会上广受赞誉的罗亚尔地区出产的吉安窑瓷器以及巴黎近郊的瓦滋省出产的科里由蒙托洛窑的陶瓷器皿等。喜欢烹饪的人或许会在这里发现很多宝贝。

Aillant-sur-Tholon

从巴黎出发，沿高速A6线去往里昂（Lyon）方向。从乔瓦尼（Joigny）出口下来后，沿D943、D955驶向奥塞尔（Auxerre）方向，大约1小时40分到达目的地。还可以在里昂站乘坐特快电车到达奥塞尔，然后再换乘出租车。这里大约有700个摊位。

1.在自来水设备不完善的时代，盥洗台上一定少不了洗脸盆与水罐，瓶身较低的水罐有时还会用来充当马桶。一套75欧元/2.用来盛放蔬菜的餐盘，每个5欧元起/3.用海绵印花制成的浅驼色碗，左侧为饮用洋梨酒时使用的"布里幽罗"/4. 1920年左右的陶瓷罐，30欧元；晒干的Chicorée（菊苣根），当时曾经是高价咖啡的替代品/5.浴室用具组合，最前面的用来放沐浴海绵

新艺术时代受人喜爱的以槲寄生为主题的茶杯 18 欧元，咖啡杯 4 个一套 480 欧元

1. 植物染制成的欧洲花布。这是玛丽·安托瓦内特（法王路易十六的王妃）喜爱的约依印花布的布料，20 欧元起 / 2. 第 51 页的“夏都·蒂法恩”的客厅里也有的石版画，在 19 世纪的杂志附录上可以看到当时的时尚潮流。15 ~ 30 欧元 / 3. 带有红色刺绣的亚麻布可以铺在台灯下面作为装饰

皮弗路卡公司出品的银质餐具，一套25欧元。

仿佛在时光中静静沉睡的餐具不论盛放怎样的家常菜，都会觉得美味又养眼。另外，利用手工雕刻技术在杯身刻上曾经的所有者的徽章或签名的精美玻璃也是古董。想找到成套的物件比较难，对于旅行者来说，能够单独购买到1～2个就很好。

1
2
4 3

1. 在不同的摊位上购得的玻璃杯，但摆放在一起却并不突兀；左侧的2个4欧元，右侧的2个10欧元 / 2. 左侧的两个是教会在做弥撒时盛放圣体面包用的玻璃杯，手工吹制的玻璃很是精美。左180欧元，右110欧元；右侧的是18世纪的果酱杯，110欧元 / 3. 19世纪女性使用的瓶子，纯银的盖子上雕刻着图案；原价22欧元，砍价到18欧元买入 / 4. 可以用来放置小蜡烛的可爱小蛋糕模，1个2欧元

如果逛累了，就来杯味道十足的沙百里酒，恢复一下精神后再出发寻宝吧！几十欧元就能在“阁楼旧货市场”中快乐地过上一整天。

1
2

1. 活跃于短暂的装饰艺术时期的设计师罗步吉制作的香水瓶，350欧元 / 2. 在提艾丽·露比广场上有专供人们休息的长凳，休息的时候一定要尝尝当地的沙百里酒

格调高雅的古风旅馆

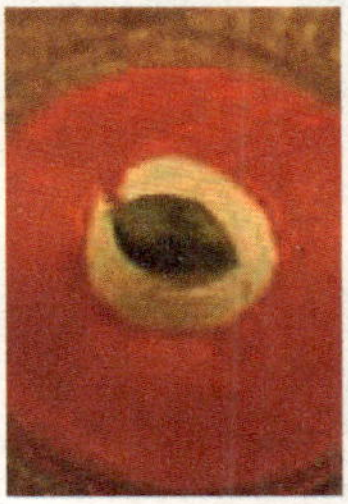

1. 共有三间客房，每间都用古董进行了装饰。110 欧元起 / 2. 如画般美丽的中庭；内庭里还有店主先生引以为豪的菜园和游泳池 / 3. 正在制作拿手的美味菜肴的布里优诺先生；连早餐的酸奶酪都是自己手工制作 / 4. 逛完跳蚤市场后，来尝尝美味的餐点吧！今天的开胃菜是西班牙凉菜，30 欧元

来到托隆河畔艾朗县，最值得一住的就是帅气店主经营的旅馆“Château du Deffand”。这里会为你提供很多购买古董的建议。

店主布里优诺先生曾经在巴黎的宾馆工作，后来做了装饰设计家，之后成为了古董商。他购买了古堡并花了大约三年的时间对其进行修复，开设了这家以精美的装潢与特色餐点招待来客的旅馆。这里曾经是18世纪社交沙龙的女主人居住的城堡，在20世纪时毁于大火。据说在他购买这里时，城堡大部分都已被烧焦，看起来凄惨无比。而能够以这样的城堡为基础，将其修复成如同杂志中走出的改良古风建筑，这大概只有曾经是装饰家的他才能做到吧。

这里虽然乍看上去全是古董，但为了实用起见也掺杂了宜家的家居品以及市售的餐具。三间客房时尚与魅力兼具，房内的现代电视机被隐藏在古董机壳中，充分考虑到了细节美。

“在法国看上去很美的古董到了日本却看起来有些污浊”——如果你曾经有这样的经历，那就来看看布里优诺先生的审美吧，一定对你大有帮助！

这是一家十分安逸的旅馆，我很想马上就把它的装饰构思用在我日本的家里。

个性洋溢的140个摊位。这个大古董市场就设立在最热闹的戈帝耶公园里。这里还出售专门在别墅装修时使用的大型家具。

索尔格岛

在法国南部休闲气氛浓郁的大型古董市场上寻宝

从位于法国南部普罗旺斯地区的亚威农开车向东，沿莫纳斯克方向行驶 30 分钟左右，在种植着高大的侧柏的林荫道的对面，你能看到鲁伯隆山。索尔格岛就是位于这座陡峭山麓下的可爱村庄。

这座村庄的古董跳蚤市场的历史可以追溯到 1966 年。当时，雷吉埃与卡西埃受市长委派复兴村庄。他们想用古董市场使城镇活跃起来，于是联系了相熟的古董商。当初只有 14 家摊位的市场逐年丰富，摊位也在不断增加。索尔格河畔的“卡特·奥塔吉”大街上设有近 100 家露天店铺，而“维拉吉”“库尔”等 10 个拱廊式商店街则会在周末开设由巴黎与法国南部从业者经营的跳蚤服装店。这里已经过千锤百炼，成长为跳蚤市场村庄。

1. 植入柠檬或橘子树后，放置在日光房中非常抢眼；独具魅力的阿普特窑出品的大理石纹大花盆 / 2. 带有藤蔓花纹的铁皮篮子，就连盖子上都细致地雕刻上了植物花纹。12 欧元

L'Isle-sur-la-Sorgue

在巴黎－里昂站（Paris-Lyon）乘坐高铁TGV，两个半小时就能到达亚威农（Avignon）。在亚威农乘坐开往阿普特（Apt）的公共汽车或电车，30分钟到达索尔格。如果从亚威农站乘坐出租车到达目的地大约需要70欧元。每周日在河的沿岸会设有露天摊位，所有的店铺与拱廊式商店街都开业。

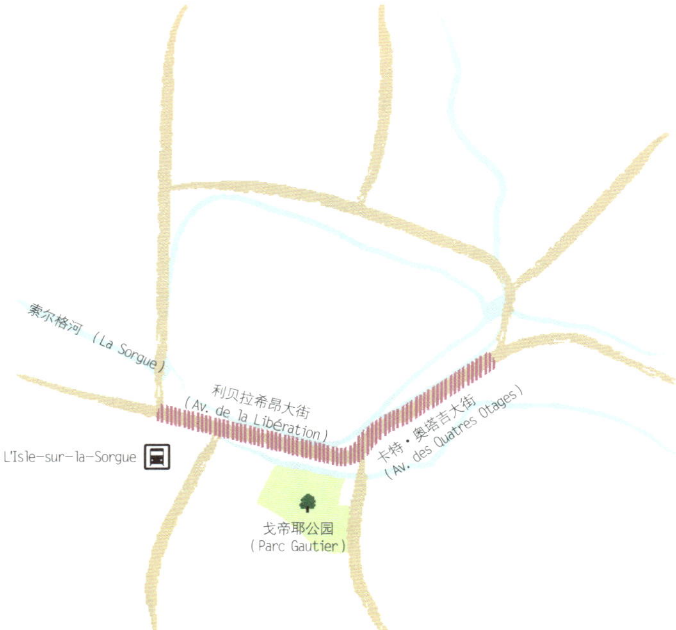

如果想要来索尔格岛，那么推荐大家在法国举行宣告春天到来的复活节与 8 月 15 日的圣母升天节的前后 4 天前往最佳，因为这段时间里会举办整个法国南部的卖家都会参与的大型古董跳蚤集市，摊位数量会达到将近 1000 个！要想逛遍它们大约需要花上三天时间。

索尔格岛附近有清澈的泉水流过，是一个到处都有鲜花盛开的美丽村庄。

1. 所有卖家基本上每年都在同一位置开店，因此只要你记住喜欢的店，就能很快寻找到喜欢的物品了；推荐大家购买保存得非常好的亚麻布类商品 / 2. 坐落在河岸北侧、很容易被忽略的“拉 · 库尔”市场里，有家专门卖瓷器的店铺“玛丽 · 阿玛尔”

1 | 2

1. 玛丽·安特瓦内特喜欢的矢车菊图案的装饰艺术瓷器。这是黄金时代的物品，2 个杯子和 1 个牛奶罐 120 欧元 / 2. 老式的横把手咖啡壶，1890 年的物品，290 欧元 / 3. 装饰艺术时代制造的几何图形的精美陶制小碗，6 个 150 欧元

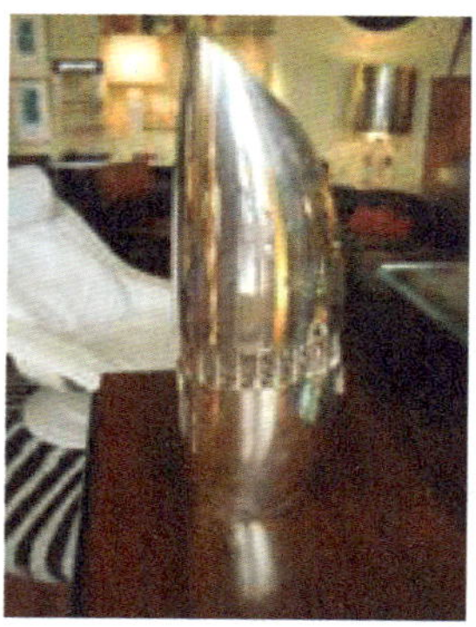

在索尔格岛繁华大街的东端，我发现了一家叫作“穆步曼”的经营 20 世纪 30 至 70 年代物品的店面；萨巴蒂尼的作品，500 欧元。

在索尔格岛的市场上，我想入手的是这里用红土制作的陶器。虽然在 17 世纪出现了令王侯贵族们痴迷的毫无杂色的白釉陶器“Moustierian”，但在市场上比较容易找到的却是大片绿色或黄色釉的阿普特或巴罗斯窑产的朴实杂器。特别是像把炖锅的锅盖倒过来一样的万能桶，更是既能作为沙拉碗来用，又能放上水果摆在餐桌上作装饰，用途广泛。另外，可以作为盐罐使用的小型陶锅虽然厚重了一些，但却极适合买回家去。

1. 让人一见就会爱上的19世纪后半期奥佛涅地区的美丽篮子，38欧元/2. 以女性喜欢的颜色与图案制作出的独具特色的陶瓷汤锅，是1910 ~ 1930年的物品；它们为给全家人烹饪美味饭菜的主妇的厨房增添了色彩

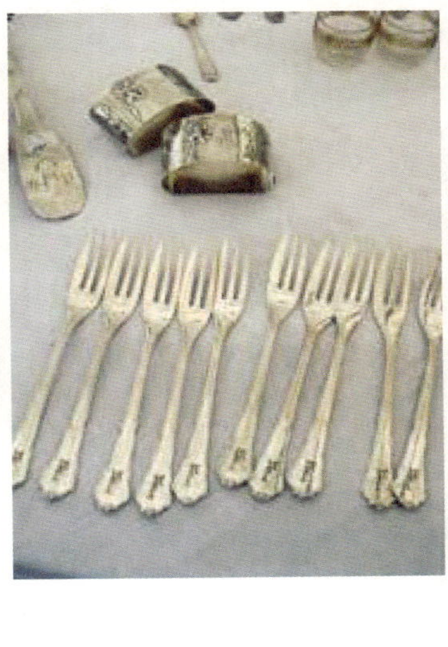

1. Moustierian烧制的瓷器 / 2. 德国制造的纯银点心叉，10个一套110欧元；新艺术时代的餐巾环，2个180欧元

小型陶锅可以作盐罐，放在厨房非常实用。45欧元。

另一个只会在这里看到的东西就是名为“精工挖绣”的厚布片。自中世纪起作为贸易港口而繁荣一时的马赛经由地中海从中亚和印度进口棉花和丝绸，从中获取高额利润。随后，城市里开始陆续出现裁缝铺与染坊。17世纪时，在临近的城镇里开始出现用木版植物染制成的带有华丽植物、花鸟等图案的印度风布料。这种“法国花布”不仅是布料，还作为“精工挖绣”而传到了全法国女人的手中，曾作为轻便而时髦的服装流行一时。

越来越难以发现的“精工挖绣”，品质好的售价会在600欧元以上，如果喜欢就要马上购买。

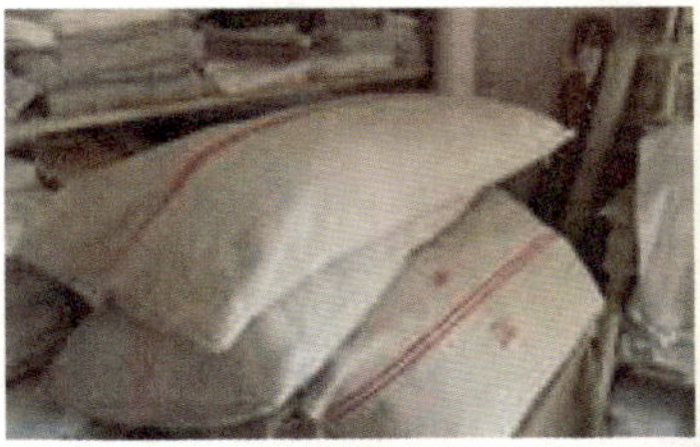

在位于卡特·奥塔吉大街 1 号的“MP 克蕾雅西奥工作室”里，我找到了一些品质很好的亚麻床品，非常适合日本炎热的夏天。枕套 65 欧元。

现在，整个法国都能买到这一地区的精品挖绣布片的仿品，但它们完全不能与法国南部的布片相比。这种商品的价格偏高，但它们是能够反映普罗旺斯地区历史与传统的收藏品。建议大家在发现品质优良的商品时立刻购买。

1.展示用时尚银饰品，左侧为安德烈·迪蒙作品，150 欧元；右侧为 P·卡尔丹作品，1200 欧元 / 2.纯银制作的筛网式手包，19 世纪物品；600 欧元 /3. YSL 的耳环，250 欧元 /4. 北欧 1970 年的银饰品，80 ~ 120 欧元

1	2
3	4

1. 在古典家具的橱柜中很可能隐藏着质量很好的小物件 / 2. 使用普罗旺斯印花布制作的带有坐垫的靠背椅；这种椅子即便是穿着垫臀宽裙的女性也能坐得下，因此又名“公爵夫人”。一把1200欧元 / 3. 塞佛伊地区的18世纪民间手工艺品，摇篮500欧元

1 | 2
3

卡特·奥塔吉大街上的露天店铺中有很多可以作为旅行留念且价格适中的古董。

从收获时使用的篮子到教会装饰用烛台，到处都是反映了法国南部日常生活的古董。

置身古典氛围中的奢侈一刻

在历经岁月的金黄色土墙旁，点缀着简单而美丽的手工金属烛台。

1.装饰得古典而时尚的沙龙，这里是可以饮用餐前酒、餐后咖啡的地方/2.可以俯瞰到广阔的具有普罗旺斯风景的庭院；在夏夜，这里是最好的进餐席位

如果你要去索尔格岛，那么位于沃克吕兹省北侧、建立在能俯瞰葡萄田的山丘上的“Hôtel Crillon le Brave”旅馆一定会让你想要在此停留一日。这里距离索尔格岛大约30分钟车程，途中还会经过法国政府指定、导游手册中介绍的名列“法国魅力村庄”之一的戈尔德村，以及拥有一大片广阔的薰衣草田的塞南柯修道院等知名景点，一路上到处都是洋溢着普罗旺斯风情的风景。

这里原本受勃艮第公国与神圣罗马帝国的统治，独特的文化扎根于此。在古董中也有很多其他地区没有发现过的家具与装饰风格，比如用来装面包的柜子以及与别处不同的椅子。这些家具没有使用法国其他地区通常使用的红木材料，而是大多利用本地生长的胡桃木来进行制作，有时还会上漆。

这种秉承传统的古董不但没有使人感觉老旧，反而与四周十分协调，足见这一旅馆的品味之高。所有客房中都装饰着不同类型的带有普罗旺斯风情的装饰品，你会期待并想象着自己被分到哪种房间。房间中放有本地有名的薰衣草香料以及马赛香皂，冰箱中还有经过仔细挑选的葡萄酒。无微不至的服务也是这家旅馆的特色之一。

这里的集市虽然看似没有商品展览，但有时店主也会依据自己的喜好布置出一个精美的摊位。

巴尔雅克

邂逅不同的巴卡拉
锻炼你的审美能力的“百货”市场

从亚威农开车，向西北行驶 30 分钟左右就会到达巴尔雅克村。这里的古董跳蚤市场每次都会比索尔格岛的市场多开 1 天。在索尔格岛市场上出摊的卖家们会在这里最后抛售，因此这里也成了有名的商品物色地。

化妆盒、化妆水、香水瓶等成套摆放在一起；这是巴卡拉公司 1890 年生产的女性气息十足的化妆用品套装，这套红色的收藏品很漂亮。60 欧元起。

1
2

1. 象牙柄雨伞，过去的雨伞都是黑色的；遮阳伞的数量很多，但是都比较小。120 欧元起 /2. 这里还有很多小孩用的家具或玩具等实用型老物件

Barjac

从亚威农（Avignon）出发，沿国道N580开往塞兹河畔的巴尼奥勒（Bagnols-sur-Céze）方向，然后在D980处转向圣安德烈·洛克贝鲁迪（Saint-André-de-Roquertuis）。也可以沿高速A7线在里昂北上。市场摊位约400个。

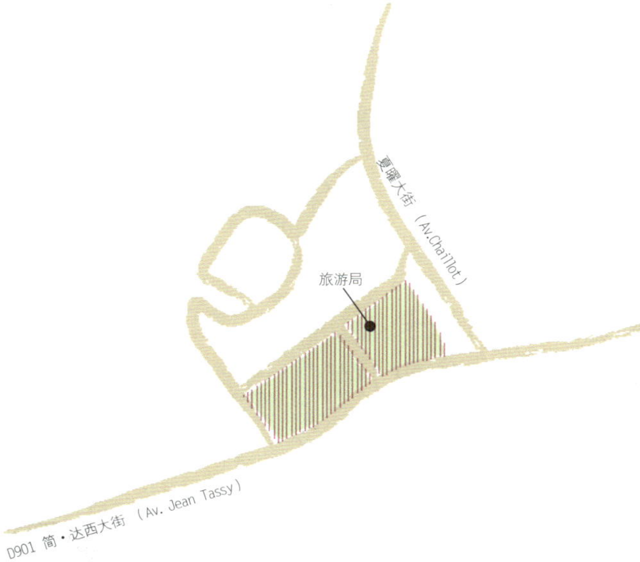

如果说索尔格岛是“历经千锤百炼、享受展示之乐”的市场，那么巴尔雅克就是业余卖家们“将所有物品全都拿出来一并出售”的市场。在这样的市场中，一眼望去，好像每家的东西都一样。这对于古董初学者来说是个有些难度的市场，但你可以试着在这里以便宜的价格购买商品。如果高级玻璃杯品牌“巴卡拉”“圣路易”制作的水晶玻璃杯与纯银餐具套装里面含有微量的铀，那么它们就会在紫外线下发出怪异的光。这就是珍贵的铀玻璃杯。尽管如此，你或许也能用难以置信的低价购买到它们。

1 | 2

1.1860年左右用搪瓷进行装饰的优雅盆栽罩；当时拥有温室是身份的象征，因此生产了很多盆栽罩。180欧元 / 2.保存奶油奶酪蛋糕的玻璃甜点杯，6个90欧元

从小果盘、锅垫到小玻璃杯全都是铀玻璃制品的摊位，是这个市场中最值得逛的一处。玻璃杯 6 欧元起，大盘子 50 欧元。

在巴尔雅克的市场上“撞大运”般地探寻宝贝之前，还是事先通过杂志进行一下模拟训练的好。建议大家在明确目的后有意识地进行挑选。

由于可能导致中毒，从 1915 年起开始禁止制造苦艾酒与艾酒；喝这种酒时会用勺子盛着方糖，将方糖倒入酒中再饮用。玻璃杯 20 欧元，勺子 15 欧元。

1. 在女性获得了市民权的装饰艺术时代，为了能让女性在日常生活中度过幸福时光，生产了很多极富创意的商品，如带花纹的化妆盒，20 欧元 /2. 展示拇指大小的陶瓷人偶等很多重要的小物件而使用的与展品相得益彰的玻璃柜子，每个 50 欧元 /3. 仿照葡萄叶烧制的巴尔博汀陶盘，1 个 55 欧元 /4. 逐年变少的人气点心模具，53 ~ 55 欧元 /5. 上个世纪 50 年代流行的蔷薇图案啤酒杯，2 个 10 欧元

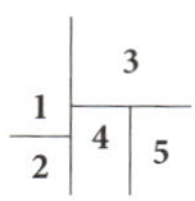

去早市上买回沉甸甸的土特产吧

如果你想要感受当地人的生活，那就到充满活力的早市上转转。普罗旺斯的早市上，四处听得到婉转的鸟鸣声，眼前是新鲜的蔬菜和气味芬芳的香草，还有手感良好的麻布和可以试吃的美味食材。这些都能让在都市生活中变得迟钝的感官得到适当的刺激。

在早市上首先要买的就是利用酒椰纤维制作的篮子。又大又结实的篮子里可以放入马赛香皂或橄榄油等稍重一些的土特产，这样就能带着它们漫步了，非常方便。这种篮子的防撞性能也很好，在古董市场上买了易损毁的物品需要小心携带时，这种篮子就能发挥作用了。

交通方便的卡尔庞特拉、卡维隆等大城镇的早市都值得一去。不过，小型的早市也各有各的魅力，因此我们可以在旅馆中获取一些信息，然后挑选一些自己喜欢的小镇去逛逛吧。

古代女性即使是在睡觉时也要保持优雅，浪漫的睡衣会带来美梦。20欧元左右。

1 | 2

1. 利用金银、编织物等装饰而成的斗篷一直刺激着时尚设计师的创作欲望；所有装饰品都是手工刺绣，80欧元 / 2. 虽然不是很古老的东西，但却能以适宜的价格买到手。带有普罗旺斯特色的小花图案拼布，180欧元起

面对萨布隆圣母教堂的萨布隆古董跳蚤市场，红绿帐篷就是它的标志。

布鲁塞尔

价格优势明显
全欧洲的古董爱好者齐聚的市场

比利时是一个至今独立了180多年的王国。这里曾经隶属于勃艮第公国，后来又受到哈布斯堡家族的控制，成为了尼德兰（荷兰）联合王国的一部分。现在，比利时的首都布鲁塞尔成为了欧盟的中心。这里的经济与文化都有较高的水准，生活在这里的人们也非常重视与家人、朋友一起度过的时光。

年轻人很早就会下班，换上休闲服后再去逛街。他们习惯与朋友们一起愉快地喝着比利时啤酒，吃着蒸贻贝，直到深夜。中年人时常会穿着正装去欣赏古典音乐或是歌剧。这是逐渐消失的传统欧洲的光景。

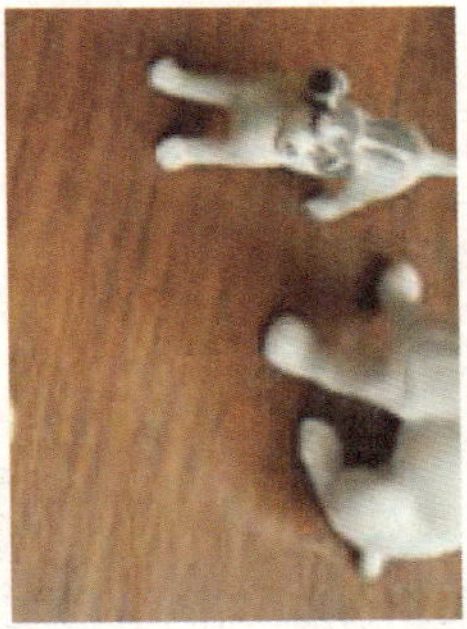

1/2

1. 在Stand 91发现的小狗摆件，19世纪末丹麦制，25欧元 / 2. 装饰艺术时代流行的时尚陶制人偶像，据说曾作为羽毛粉扑或香水瓶的把手销售。75～300欧元

Stand 88的汪德尔苏林女士的店是萨布隆古董跳蚤市场的老字号。这里出售现代罕见的盛装黄油、曲奇、绢花等战前制造品的令人着迷的手工盒。左侧为20世纪初的曲奇盒，大的50欧元，小的30欧元；右上为加热后能在布上印出叶脉与花瓣的制作绢花的铸模，也是用于装饰的漂亮工具，3个82欧元。

1

2 | 3

1. 19世纪后半叶，歌剧风靡一时；用来欣赏歌剧用的望远镜，100欧元/2.这款为珍珠母制，180欧元/3. 18~19世纪初，有钱人常用信使传递信件；上为镀金纯银制火漆盒，850欧元；下为龟甲制火漆盒，350欧元

Bruxelles

从巴黎北站出发，乘坐高速列车 Thalys 大约 1 小时 25 分钟就能到达布鲁塞尔南站。去往市场时，乘坐室内电车在 Petit Sablon 下车，之后步行或乘坐出租车都很方便。市场有 96 家摊位。

在法国，入行有些年头的古董商人的口头禅是："不要在国内找上好品质的古董，要去布鲁塞尔"。这句话的意思只有当你来到位于收藏有勃鲁盖尔绘画作品的布鲁塞尔古典美术馆旁的萨布隆广场的跳蚤市场时才会明白。这里打着"跳蚤市场"之名，出售的却是优质古董，而且只需巴黎的半价就能买到。

1/2 1. 纽扣，一联 2～50 欧元，有银饰的玻璃纽扣价格最贵 / 2. 搪瓷以及人称"最好"的玻璃球、装饰用腰带扣等都是 1900～1930 年的东西，有升值空间。每个 100 法朗

Stand 91 的朱丽斯女士经营的“帕尔米尔古董”中有很多手工木块相拼的鼻烟盒、药盒，还有编织蕾丝用的钩针等装饰房间用的极具个性的小件装饰品。

布鲁塞尔与巴黎一样，都是新艺术风格遍地开花的城市，留有当时的很多建筑物。在 Stand 39 的“琉斯特雷”，你能发现很多古早年代的物品；图片中上的花蕾形灯具每个 40 欧元，中下是新艺术后期的灯具，675 欧元。

Stand 39“琉斯特雷”的台灯、吊灯等配线维修后就能带回家使用了。1900年前后比利时、法国的吊灯，大小很适合家庭使用。435 ~ 600 欧元。

仿照贾可美德的雕塑制作的雕刻家休弗兰的铜像，620 欧元。

从中世纪开始，因手艺人公会而发展起来的布鲁塞尔成为了挂毯、蕾丝以及银、玻璃等工艺品的宝库。这里现在还有少数人在继续制造这些工艺品，它们与萨布隆出售的那些奢侈品不同。这里古董跳蚤市场中的卖家说：“比利时的游客比其他国家少，很少有游客只问价却不买，来这里的都是想要买到好古董的人。所以，我们要用心提供与别处不同的优质商品，而且也要控制价格。”因此，在这里你能用较为适宜的价格买到美得惊人的古董工艺品。

在萨布隆跳蚤市场周围，分布着大约100家古董专卖店。这里有在1900年的巴黎万国博览会上受到极大好评的新艺术风格作品，它们以植物，昆虫等为主题，在这座城市中曾经非常流行。出售这种新艺术工艺品的店铺有的很像20世纪意大利穆拉诺岛上的现代玻璃工艺美术陈列室，看上去十分高档。但如果你只是“看一看”，也会受到亲切的接待，这就是布鲁塞尔古董商店的优势。而且，当对方知道你是外国人后，还会用流利的英语为你进行商品说明。在你饱过眼福后，请礼貌地说声“Thank you”，然后再离开店铺。这样，即使你不买东西，双方也会有个好心情。

布鲁塞尔还有超现实主义画家马尔格利特的美术馆。这里正逐渐成为一座充满艺术气息的都市，同时也是一座非常适合从巴黎出发进行短途旅游的古董之城。

近代玻璃工艺品陈列室“M.HEIREMANS”。宽敞的店里不仅有玻璃制品，还有斯堪的纳维亚半岛、意大利、比利时等国家与地区 1950 ~ 1960 年的家具在展览、出售。左页中图上的两个花瓶用并列的玻璃管呈现出条纹图案，是用细丝工艺制作出的成品。其中左边的是意大利的迪诺·马尔特恩斯的作品，2900 欧元；右边的是比利时的凡·富菲尔的作品，1200 欧元。这里的老板埃尔曼先生为我逐一解说了这些作品的精华之处。顺便一提，他的爱犬名为“依奴”。大概因为它是一条柴犬（日本小型犬），所以才会起了这样的名字吧。

鸠德巴尔广场上每天开放的破烂儿市场

在萨布隆地区可以用很便宜的价格买到不错的古董。不过，如果你想体验一下跳蚤市场的气氛，可以去远离城镇的鸠德巴尔广场上看一看。无论职业卖家还是业余卖家，每天7点到14点都可以在这个跳蚤市场中经营。虽然其中大多数都是些不值钱的二手货，但是如果仔细挑选，也会在其中发现优雅的19世纪的淑女首饰、可爱的布艺玩具等让你大吃一惊的宝贝。

在这个市场中，你要注意一点，那就是不要按照卖家所说的价格去购买商品。这里的商品大多并没有标明价格，所以有时卖家会在发现你是外国人后突然涨价。你可以开出半价与卖家讨价还价，如果价格能降到原价的2/3，就不会吃亏了。

冷暖气俱全的拱廊商店街。你可以在这里细细品味这些古董，并且放心地刷卡支付。

阿姆斯特丹

满满的“成熟可爱”重生的古董商店街

17世纪时，荷兰虽然只是一个总面积4万多平方米的小国，但是它却率先设立了东印度公司，并且逐渐发展成为强大的海洋贸易之国。荷兰的中心城市阿姆斯特丹有着众多茶叶、香辛料、漆器及陶瓷器等各种各样的进口产品，其中最令欧洲宫廷为之狂热的就是蓝白花纹、纤细而轻薄的亚洲白瓷。在阿姆斯特丹近郊，代夫特出生的费美尔也曾在绘画中描绘过“代夫特陶器”，也就是仿照白瓷制作出的陶器。仿照日本的小碟子、中国的景德镇陶瓷制作出的陶器让人产生出一种亲切感，带有与国产陶器不同的异国风情，让它的魅力大增。

给人以时尚流行感的粗陶饼干盒，225欧元，1930年前后年德国制造。

映照在运河上的红色建筑很是醒目。每周三、六、日的11～17时，跳蚤市场会在这里营业，而6～9月的每个周末则会在室外营业。

Amsterdam

从巴黎出发，1小时就能到达阿姆斯特丹，从机场乘坐火车到达阿姆斯特丹中央车站大约20分钟。在那里乘坐5号有轨电车在王子运河Prinsengracht站下车，或者乘坐17号线在Marnixstraat站下车，徒步走5分钟就能到达。

1
2

1. 如果想看橱窗中的商品，只要按一下“INFO”按钮，工作人员就会赶来了 /2. 可以作为旅行纪念品的手工镶嵌而成的裁纸刀，里侧为法国坎城制品，40欧元；外侧为意大利制品，65欧元

在代夫特窑烧制的厚重的白瓷上涂上色彩鲜艳的釉，就会使它们重获新生。其他还有像桌布、由废料变成的时髦木工家具等。装饰界的世界性庆典“米兰国际时装展”的布置上也采用了很多类似的设计，据说它们给予了渐趋于饱和状态的世界装饰界很大的刺激。

阿姆斯特丹善存古董市场周围有很多价格便宜的古董商店。

如果你想在阿姆斯特丹找到价格便宜的宝贝，那么最好直接去往有 70 家独立经销门店与 120 个陈列柜的“阿姆斯特丹善存古董市场”。这个市场在 2011 年时换了负责人，曾经门可罗雀的情景一去不复返，现在成为了非常活跃的古董商店街，同时也会定期举办跳蚤市场活动。场馆内部进行了不小的整顿，还开设了时尚的咖啡厅，成为了对流行十分敏感的年轻收藏者的聚会、休息之所。

1/2

1. 这个梳着短发的女孩子或许就是项链的原主人吧？精工细制的银项链，75 欧元 / 2. 剧场用小型望远镜曾经是 19 世纪淑女们的代表性饰品。德国制陶瓷剧场望远镜，145 欧元

1 | 2 | 3

1. 不愧是花之国，水培植物专用的玻璃器皿种类非常丰富。左起分别是南斯拉夫的铀玻璃瓶 100 欧元，意大利制品 64 欧元，上个世纪 60 年代美国制品 40 欧元，上个世纪 50 年代英国制品 25 欧元，1910 年波西米亚制品 55 欧元 / 2. 栽培番红花用的玻璃器皿是很珍贵的收藏品 / 3. 带有蕾丝般透明花纹的精美银盘，150 欧元

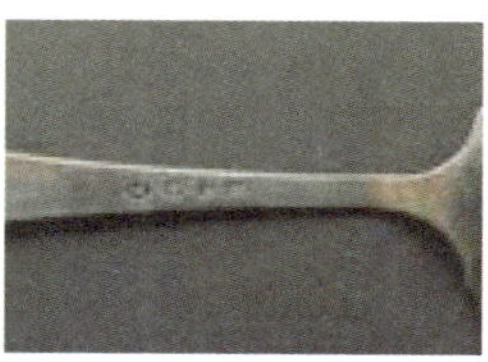

1 | 2

1. 腌渍鲱鱼用的叉子，左侧三叉戟形状的叉子非常有个性，55 欧元。中间的 95 欧元，右侧 65 欧元 / 2. 银制品上有刻印，这样我们就能通过上面的字母与城市标志得知它的制造年代与产地了

在这个商店街中有众多五颜六色的 1920 ~ 1930 年装饰艺术时代的古董。在这里，你能发现在其他国家极少看到的陶制饼干盒。只要再花些工夫，你就能找到那些宛如饰品一般的纽扣、腰带扣。虽然这里属于北方，但你却能看到很多与爽朗爱笑的荷兰人十分契合的物件。

另外，荷兰银制品的含银量是 833 和 934，但你却能用很低廉的价格买到它们。通常“提到荷兰就要想到鲱鱼”，因此让荷兰人引以为豪的腌鲱鱼用的盘子、叉子等也都独具匠心。

在乡镇的纺织品市场上找回你的少女心

1 2 3 4

1. 在这儿能够接触到平时看不到的民族服装 / 2. 花纹 & 格子协调一体。漂亮的荷兰西部民族服装，搭在肩上的衣领是厚纸制作的 / 3. 过去的贵妇人外出时一定会戴手套。1850 年流行的款式，左 35 欧元，右 30 欧元 / 4. 各种各样的针盒，蓝色的是欧洲的漆制品，35 欧元；珍珠母制品 37.5 欧元；1930 年左右色彩鲜艳的树脂针盒 30 欧元

小时候，很多人都读过有名的绘本《小兔米菲》。从阿姆斯特丹出发，经过小兔的故乡乌特勒克站，大约1小时15分钟就会到达马尔恩。每年3月的第一个星期六，在这个宁静的小镇会举办由荷兰服装协会主办的古董市场展卖活动。

在这个只开放一天的集市上，临近荷兰的各国设计师与评议员等时尚界的专业人士都会为了欣赏稀有的纺织品或手工艺品聚集于此。据说荷兰著名的时尚设计师维克塔・罗尔夫也曾在出道时来过这个市场，并且在这里获得了灵感。在这里出售商品的都是平时就身着独特民族服装的“大妈”们。当你听到这些商品意想不到的低价时，你那遗失的少女心也会马上复生的。

用来做民族服饰的布料反映了各个地区的个性。现在的布料都是用化学染色，但过去的布料却是用植物进行染色的。用植物染色法制作的被褥，7.5 欧元；还有用这种布料制作而成的手工提包，20 欧元。

1
2 | 3 | 4

1. 拱廊商店街中的咖啡馆夜间也营业，可以在此享受蛋糕或沙拉等休闲美食 / 2. 在 CII 的店铺里，你能发现很多简单、可爱的厨房用品。店主手里拿的是放入蜡烛后使用的暖瓶 / 3. 代夫特窑烧制的瓷碟，6 个 100 欧元 / 4. 由鲜明的条纹构成的独具魅力的吐司盒，200 欧元

1 | 2

1. 过去，人们以拥有迷人的双脚为美，不论男性还是女性都喜欢穿带有铆钉的鞋子 / 2. 在小块玻璃中嵌入罗马遗迹、花朵、动物图案等的微型手工艺品与景泰蓝首饰部件，17.50 ~ 60 欧元

因精美的手袋而让人流连忘返的博物馆

我们经常会说"就算遇上经济危机，手袋还是不愁卖"。的确，对于女性而言，手袋是一件极具诱惑力的时尚单品。它既是一种日用品，同时也是反映了女性历史和工业发展的艺术品。有一座手袋博物馆就坐落在阿姆斯特丹的市中心。

这座美术馆的历史从专门经销银质古董的黑德里克·爱博女士迷恋上19世纪的玳瑁手袋开始。这是基于她30多年的收藏以及世界各地收藏者的捐赠而诞生的博物馆，超过4万件手袋按照材质、年代等分类陈列，简明地展示了手袋的历史与变迁。这里有在18世纪告白时使用的"love bag"，还有电影《Evita》中麦当娜饰演的主人公拿的手袋等很多具有时代代表性的手袋。看着它们，你会忘记时光的流逝。

这座由17世纪的市长官邸改造而成的美术馆内有豪华的壁画，还有精美的茶室、别致的洗手间等，让你在这里待上几个小时都不会厌倦。

17世纪的豪华公馆改建而成的美术馆，里面还有美术馆商店。

1. 在电影《Evita》中麦当娜饰演的主人公携带的手袋 / 2. 馆内的装修是由两名荷兰室内装潢设计师完成的。有的手袋像是漂浮在宇宙中，有的则要透过提包形状的展示窗进行观赏，让人仿佛置身于如梦似幻的空间中 / 3. 拿破仑称帝时期的淑女包，小巧得好似一颗宝石，似乎什么都放不进去

由在这座城市中出生的建筑家G·巴扎利设计的帕拉索·德雷回廊，回廊内出售优质古董。

阿勒索

从佛罗伦萨出发，稍微走远一点
位于小镇上的意大利最古老、规模最大的市场

意大利的塔斯卡尼地区气候宜人，每年都有很多游客造访这里，而拥有皮蒂宫、大教堂等著名观光景点的古都佛罗伦萨则可称得上是这一地区的中心。从佛罗伦萨车站出发向东南81公里，乘坐开往罗马方向的慢车，大约1小时15分钟就会到达阿勒索。透过车窗，你能眺望到绿意盎然的橄榄树和葡萄树，而站台小小的站牌上则冷冰冰地写着“AREZZO”。

特恩皮·摩戴妮发明的崭新的利口酒套装，里面装的是杏仁味烈酒。450欧元。

能让人感受到意大利风情的阿勒索小镇。

Arezzo

从佛罗伦萨机场出发，乘坐巴士到达中央车站（Santa Maria Novella）大约需要 40 分钟。在那里乘坐开往罗马方向的电车或租赁汽车都可到达阿勒索。建议大家住宿在 4 星级宾馆“大陆宾馆”或“花园庭院宾馆”。

每个月都会从意大利北部赶来的零售商。注意，南部的摊主大多会要高价。

这是一个微不足道的小镇，但这里却与佛罗伦萨一样，利用羊毛与香辛料积累了财富，并使文艺复兴艺术再次遍地开花。这里曾经的繁华景象依然残留在圣弗朗西斯科教堂的华美壁画与建筑家吉尔吉欧・巴扎利建造的帕拉索・德雷回廊上。而在每个月的第一个周末，意大利最为古老、规模最大的古董市场会在这里开办，小镇也因此闻名。

1900年的纯银包头手包，非常适合放布艺钱包、化妆盒等。55欧元。

1
2
3 4

1. 18世纪末的宗教仪式中使用的木质人偶，表情慈祥，魅力十足。200欧元；带有1800年气息的镜子，200欧元/2.装饰艺术时代的金属筛网提包，出自美国著名的Whiting & Davis公司，购买前要确认是否完好无损。190欧元/3.微雕制作的领口纽扣，左290欧元，右180欧元/4.过去，帽子是绅士与淑女的必备品。古今各种罕见的帽形，各70欧元

1. 从古德·摩纳哥广场沿斜坡向上，在左手边的市场入口附近的陶瓷器摊位上总能看到很多罕见的陶器。普利亚地区制作柿子干时使用的盘子，每个 80 欧元 /2. 19 世纪末细腻、美观的梳妆台，80 欧元 /3. 带有雕刻的大型画框，100 欧元，镶上玻璃作镜子也会很美

1 | 2
3

想要找到阿勒索的户外市场非常简单，在车站下车后，向北走上缓坡就到了。步行不到 5 分钟，眼前就会出现一个专门出售精美古董版画、陶瓷器的摊位。沿着这条繁华的街道一直向北前进，就会来到山丘上的大教堂广场。途中你可以边走边逛，一直走到东边有钟楼的公园的小路上。整个镇上店铺林立，大约有 500 家。

这里的很多店铺都出售装饰小件、装饰珠宝等游客喜欢的小物件。很多意大利人十分大方，但商品的摆放却很杂乱。尽管如此，从摆放杂乱的物品中找到自己喜欢的东西也是寻找古董的乐趣所在。

一件曾经的礼物——推窗望海的时钟，60 欧元。

古德·摩纳哥大街的斜坡上一家专门出售版画的摊位。图为 1776 年绘制的星座版画，120 ~ 150 欧元。

触碰时尚史的奢侈品博物馆

在佛罗伦萨中心、亚诺河上的圣托里尼塔桥边矗立着一家代表意大利皮鞋品牌的专卖店兼博物馆——萨瓦托·菲拉格慕。这里展示的是在由于解剖学研究的出现而引发制鞋技术发生剧烈变革的1920～1970年，以“菲拉格慕方式”生产的鞋与鞋样设计图。菲拉格慕是以好莱坞、巴黎为首的全世界女性向往的品牌，为玛丽莲·梦露、奥黛丽·赫本等明星所喜爱，为流行时尚带来了深远影响。

2011年9月，在西尼奥利亚广场上成立了一家流行时尚品牌“Gucci”的自选店铺兼博物馆。“旅行”“花朵”“夜晚”是Gucci永远的主题。从带有品牌logo的提包、日常用品中，能够感受到诞生于上个世纪60年代、经过时间沉淀的这一品牌中蕴含的哲理。在这家博物馆中独家销售的博物馆纪念品非常适合送给身边喜爱时尚的朋友。博物馆馆体由文艺复兴时期的贵族私人宅邸改装而成，这样的建筑在过去是不能随便进入的。而现在，我们却能在参观博物馆的同时感受到历史的厚重。

如果你能在光顾阿勒索古董跳蚤市场的同时参观一下博物馆，那么你就有机会了解到意大利的时尚史了！

宏伟广场对面的“Tempi Moderni”，店铺上方曲线优美的天花板为文艺复兴时期遗迹。

同时也在罗马开店的珠宝商人喀斯佩罗尼夫妇，他们已经是从业 30 余年的行家了。图中为 1930 年时用地中海的红珊瑚制作而成的极富冲击力的耳环，精细的加工、制作使其非常精美。1300 欧元。

如果你喜欢极为奢华的意大利各民族的珠宝或精美的手工编织物，那么就直接前往位于城市中心、宏伟广场对面的回廊店铺“帕拉索·德雷·罗杰”吧。虽然价格稍贵，但你却有机会在这里找到质量上乘的古董。另外也不要错过常年开设在广场对面的店铺。其中有一家名为“Tempi Moderni”的装饰艺术专业店铺，里面满是意大利极具代表性的工业设计师吉欧·彭迪设计的陶器以及俏皮可爱的装饰品，让你流连忘返。

1
2
1. 过去，人们喜欢在旅行地买些小装饰品作为纪念，然后将它们串成手链。18k 金手链为上个世纪 50 年代意大利制品，600 欧元 / 2. 设计师托尔法利设计的古典珠宝，130 欧元

前页介绍的喀斯佩罗尼夫妇的店铺就在圣弗朗西斯科广场的拱廊商店街内。这里可以刷卡，买再贵的商品也不用为取现发愁。

如果你想“速战速决”，可以去阿勒索市场，那里沉睡的宝贝会让你万分激动。即便你没有购物或参观美术馆，而是特意从佛罗伦萨来到阿勒索市场，你也绝不会感到后悔。而且，在这里的餐馆以及胡同中的意大利茶餐厅品尝到的托斯卡纳菜肴也能让你留下一份“舌尖上的记忆”。

1. 极有价值感的上个世纪 40 年代的蓝宝石戒指，2500 欧元 / 2. 淡粉色的号称天使之肌的 1920 年的宝石浮雕胸针，900 欧元 / 3. 让夏日出行变得轻松的遮阳伞，35 欧元

文艺复兴时期的建筑环绕周围的宏伟广场，在这里能找到小家具、老式吊灯以及艺术性很高的物品。

法兰西航空，让你的古董市场巡游变得更加舒适、快捷

在进行以巴黎为中心展开的欧洲各地古董跳蚤市场巡游时，虽然也可以乘坐列车，但搭乘飞机会更加舒适快捷。享受航空之旅时，推荐大家选择法兰西航空，它能让你在飞机上同样感受到法国的气息。

如果选择法兰西航空集团在2013年春开辟的中短途航线“HOP!”，那么就可以不必途经巴黎，直接从法国各个城市出发前往欧洲各地了。“HOP”在法语中有“就是它”“天空”等意。这些航线连接了欧洲的136个城市，每天飞行530次，单程机票价格55欧元起，这种平价机票也是其魅力所在。当你想要来一场“说走就走的旅行”时，这些航线是你的最佳选择。

另外，在美食王国的航班上，你还能在旅途中再次感受美味的法国料理带来的舌尖享受。巴黎出发的长途航线可以在普通航空餐的基础上“额外点菜”（仅限头等舱和商务舱。必须在出发24小时前进行预订），飞机上还准备了带有鹅肝酱的“传统套餐”，以及荣获法国最佳厨师奖的得意之作“LENôTRE套餐”等只看图片就能让人产生诸多想象的5款特别套餐，价格从12～29欧元不等。如果将其作为旅行中最后的回味，那么它一定会令你记忆深刻。

*详情请咨询：www.airfrance.co.jp

Part 2

置身城区也快乐

闲情逸致漫步古董街

“美尔西”位于博马尔歇大街上，“Studio W”则位于从博马尔歇大街前往丘雷奴大街的一条小路上。这里的时尚展示窗十分显眼。

OPEN

巴黎·北马恩附近

位于巴黎最时尚街区的全新古董店

1

STUDIO W

这里有20世纪70年代风靡一时的克罗德·弗朗索瓦、ABBA等人的时尚装扮，也有深受20世纪80年代美国纽约流行风影响而创造出的品牌套装和让人气质提升的首饰。

从巴黎右岸的奥伯坎普夫到北马恩附近曾经是店铺林立的平民街区。10年前，随着互联网的发展，巴黎本地人的生活、饮食等发生了变化，这里的面貌也为之一变。在自己家中工作的巴黎当地人每天都会泡几次让人心情舒畅的咖啡馆，因而这里陆续出现了很多咖啡店，而很多新设计师开设的服装店、美术馆等也随之而来。

最近，巴黎最为闪亮的夜总会“夏都布莉安”以及这一类的店铺也不断在北马恩附近安家落户，这里已经成为了巴黎新兴的饮食文化中心。基本上为自选店铺的“美尔西”极受好评。

2
3 1
4
5

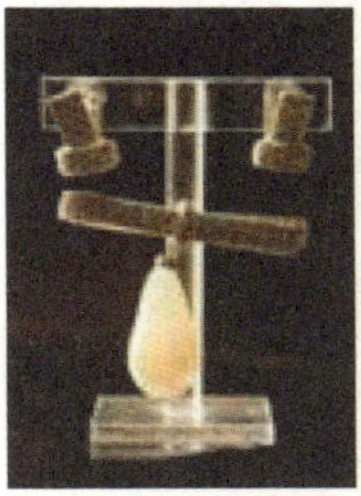

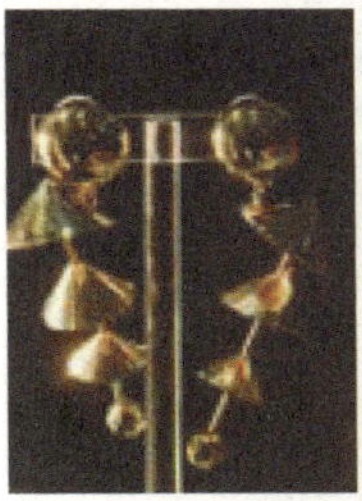

1．本来就很喜欢时尚、美丽事物的威廉姆·莫丽塞先生从古典家具设计师变身为潮流经销商已有两年。他品味独到，店里经常会有模特聚集 / 2．美丽的铅玻璃制作的上个世纪 70 年代狄欧尔的耳环和胸针套装，350 欧元 / 3．上个世纪 70 年代制作的“大波斯菊”系列耳环，160 欧元 / 4．铬加工制作而成的时钟，750 欧元 / 5．罩衫为 YSL 品牌，项链为上个世纪 60 年代美国制品；左侧提包与上方提包均为 180 欧元，下方提包 140 欧元

带给女性美梦的浪漫睡衣，引人注目的橱窗让人不禁驻足。

在这时尚的街区里散布着几家出售古典礼服与首饰的精品女装店。在巴黎极少看到的女士睡衣专卖店“SPIRIT OF VINTAGE”（古典之魂）中到处都是格蕾丝·凯利、玛丽莲·梦露等明星在好莱坞电影场景中穿着的浪漫而性感的睡衣。这里出售的睡衣都是积压商品，没有被穿过，可以放心选购。

吉斯蕾女士在曾经上学的模特学校听说了19世纪女性束胸的故事，从此便迷恋上那个年代。她现在拥有的古董睡衣类收藏品已有5000件。

即使是在外人看不到的地方，法国女性依然要将优雅进行到底。令人产生无数遐想的众多美丽睡衣。

常来这里的女演员正在挑选适合电视剧中穿着的睡袍。1930年的泡泡纱睡袍，290欧元。

裙摆处带有蕾丝花边的怀旧款睡衣。20世纪50年代的尼龙比现在的更有垂坠感，洗涤后也不会变形。190欧元。

1. 镂空纯银筛网零钱袋，100欧元左右，用作项坠也很可爱 / 2. 身材娇小的店主克里斯蒂娜女士挑选的珠宝大多小巧但品味独特。镶嵌了钻石的可爱宝石浮雕，480 欧元 /3. 左侧的刺绣提包 330 欧元，拿在手中极为舒适的串珠提包 120 欧元，19 世纪的壁毯式提包 95 欧元

1 | 2 / 3

3 CHRYSOLITE

珠宝专家克里斯蒂娜女士独具慧眼，在这里你能找到魅力四射的珠宝与手提包。

另外，在与著名的“圣保罗村”相邻的圣保罗大街上，还有一家专门经营古董珠宝与手提包的店铺“CHRYSOLITE”（橄榄石）。这里有很多东方人喜欢的商品，这些来自 19 世纪法国黄金时代到 1930 年装饰艺术时代的商品总是令人目不暇接。不要忘了去人气极高的古董编织物商店“AU FILS D’ELISE”转一转，在那里你一定会发现能撩拨起你的少女心的宝物。

4

AU FILS D'ELISE

艾丽兹女士的时尚感源源不断地吸引着世界各国的蕾丝迷们，这家店也成为了巴黎小有名气的古董编织品店。

极度喜好蕾丝、最后购买了这家已经经营了25年多的古董编织品商店的艾丽兹女士。

清洗干净并用熨斗熨平的蕾丝与网纱等待着你的奇思妙想。

1	3
2	4

1. 很有质感的衣领，1930年产，120欧元 / 2. 婚礼上使用的白色网纱要比黑色的更加稀少、珍贵。195欧元 / 3. 20世纪50年代舞台上常见的短连衣裙，150欧元，配上长项链后立刻彰显出青春的活力 / 4. 1900 ~ 1920年的衣领，25 ~ 110欧元，上起分别是人称“黎希留”的镂空刺绣、用钩针编织而成的钩编花边、用梭子技法制作而成的蕾丝衣领。过去，修女们经常编织这样精美的衣领以补贴教会的修缮费用

Nord Marais

在北马恩地区出行，最方便的就是租用自行车。登记后，不论出租或返还多少次，只要不超过30分钟都是免费使用。从雷普布里克广场进入理查德·洛诺瓦大街后，你马上就能发现一个停车场。你也可以乘坐连接马恩与奥伯坎普夫的96路巴士。

5

THANX GOD I'M A V.I.P

少女时代起就喜欢收藏老式服装的店主希尔比女士。她曾经从事其他工作，但却依然对时尚热情不减。最后她做DJ的丈夫也参与进来，两人在9年前开了这家店。

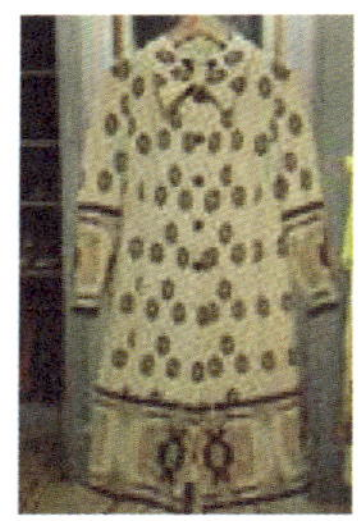

1		2
3	4	5

1. 全世界的时尚人士频频到访的人气店铺，经营的大多是一些名牌的老款服装。即使有些不是名牌服饰，但也绝对是纯羊毛或丝绸制成的精品 /2. 几何图案的时尚夏季外套，260欧元 /3. 据说是在意大利发现的20世纪70年代的防水布外套，600欧元 /4. 这里还有很多时尚的帽子 /5. 素色、格纹的带有印花领子的老款衣服，平常穿着时会感觉自己变成了模特。40欧元

前往拍卖场“捡漏儿”

在歌剧院后面、靠近巴黎证券交易所的地方有一家极具法国代表性的“多罗”拍卖行。这里曾经拍卖过玛丽·安特瓦内特1783年订购的塞弗尔产的成套餐具，莫奈、毕加索等巨匠们的绘画，另外还有爱马仕的皮包，甚至有明星的遗物，可谓包罗万象，让来到这里的人们兴奋异常。

在地下一层、地上两层的建筑物内有16个房间，二楼通常是博物馆代理人或是收藏家的聚集地，那里拍卖的都是昂贵商品。而在地下一层举办的则是从陶瓷器到书籍、篮子、古典服装等的拍卖会。虽然两个拍卖会都很有趣，但期待值最高的还是地下的拍卖会。在这里，你会发现20世纪法国最具代表性的多元艺术家——让·谷克多的石版画古本，还有可能买到拍卖价只有原价1/10的香奈儿过季套装。

多罗拍卖行并不是为一部分富人和专业人士服务的。在拍卖会举办的前一天以及当天的整个上午都会举办内览会，此时你能看到佩戴着足以使伊丽莎白·泰勒相形见绌的大钻戒却衣着普通的女士，还能看到认真而耐心地查看着带有刻印的杯子的古董学校的学生。这里就像是每天都在变换演出节目的大剧场。坐在观众席上仔细观察这热闹异常的拍卖会，当你有了胆量后，再去台上一展身手吧。新手很容易被这种气氛影响，所以请一定设定好你的价格上限。只要记住这一点，那么多罗拍卖行就会成为你能随心所欲参与的最好的拍卖舞台。

法国

凡尔赛

在飘散着历史香气的城堡镇中探寻珍宝

Versailles

从巴黎出发，乘坐国铁SNCF到达凡尔赛大约30分钟，徒步走到古董街只要5分钟。德拉盖尔通道上所有店铺的开业时间几乎都是周五至周日以及节日的10点半至19点，有些店铺也会在周四下午营业。徒步从古董街走到凡尔赛宫大约需要10分钟。

城堡镇过去曾经是国王、领主们居住的地方。现在，他们子孙的居所以及珍贵的古董依然在这里沉睡着。在这座讴歌太阳王路易十四与玛丽·安特瓦内特艺术人生的城堡镇上，至今还存留着销售奢华古董的街道，带给游客极大的乐趣。

从巴黎乘坐郊区铁路RER也能到达凡尔赛宫，但为了便于去往古董街，最好是在巴黎的圣拉泽尔站乘坐国铁SNCF，然后在终点站凡尔赛站下车。下车步行5分钟后即可到达支撑了这里的平民生活300年的市场——教堂广场市场。

1

REMI DUBOIS

既是店主也是家具修复师的迪尤博亚先生，他收集来的小物件很多都极具品位。下面带有槲寄生图案的银质药盒 40 欧元。

1 | 2 | 3

1. 平时可以折叠起来，需要时按下按钮就能变为眼镜形状的歌剧观赏专用望远镜，装上镜片后可以当老花镜使用，70 欧元 /2. 1850 年时使用的黄油盒 60 欧元，利口酒瓶 40 欧元 /3. 带有精美镂空花纹的红木乐谱架，680 欧元

1 | 2

1. 在婴儿诞生时作为贺礼的19世纪纯银杯子，左起分别为110欧元、130欧元、80欧元 /2. 设计精美的拉利克花瓶，可惜上面有裂痕，只能作为装饰品使用。220欧元

在面对市场的古董街上，被围墙围起的一角有个十几家店铺连接而成的“村”，还有60多家古董商店入驻的“通道”式室内拱廊商店街。规模虽然很小，但如果仔细寻找，就会意外地发现很多沉睡于此的精美物品。即使在一家看起来与旅行者毫无关系的豪华家具店里，你也能发现那些摆在橱窗中作装饰的小物件。

当你游览凡尔赛宫时，希望你也能毫不犹豫地造访这里的古董商店。

19世纪前期制作的名为“安可利艾”的羽毛笔专用墨水壶，里面加入了沙子以干燥墨水，金属部分能放置羽毛笔。巴黎烧制品，60欧元。

安特卫普

撩拨你的玩心的时尚古董街

安特卫普因是佛兰德斯绘画巨匠鲁本斯生活的城市而闻名。这座城市在15世纪末，通过打磨钻石与钻石交易而繁荣起来。虽然这里并不是豪华的观光城市，但是在以石板铺成的旧街市中到处都是17世纪的奢华建筑，是一座散发着沉稳、成熟之气的魅力之城。

克洛斯提尔大街正中一家带有引人驻足的大型橱窗的店铺。

带有怀旧感、适合女性使用的浴缸，梳妆台是1930年的比利时制品，750欧元。我还买到了镜子、衣架、海绵等小物件；这里也出售价格合理的高品质仿品。

1 HOT & COLD

20世纪初期的卫浴用品要比现在的商品耐用，并且有着典雅的设计。这是一家世界少有的经营浴室用品的古董专营店。

Antwerpen

从巴黎出发，乘坐高铁到达安特卫普大约2个小时。从安特卫普中央车站到达克洛斯提尔大街，可以从安思翠（Astrid）或戴梦特（Diamant）出发，乘坐地铁在哥伦普拉茨（Groenplaats）下车，步行7分钟后乘坐出租车即可到达。

带有银制把手与玻璃雕花图案的23cm高的雅致利口酒瓶，75～145欧元。

2

BIJ STAF

这里有众多来自19世纪后半叶至20世纪初的黄金时代的小物件，因此深受顾客喜爱。

1 | 2

1. 能放在手掌上的银制药盒、女性烟灰缸。各种300元以内能够买到的物品都放在一起 /2. 利用酸使银腐蚀变黑的“乌银”技法制作而成的铅笔套。19世纪后半叶至20世纪初极受欢迎，每个70欧元

过去，比利时人被比喻成是“带着砖头出生”的，是对家庭有着强烈归属感的人。安特卫普人充分利用了历史建筑，不遗余力地对其内部进行了具有现代风格并带有轻快、温暖之感的装饰。他们喜爱古董，尤为喜爱那些金箔被剥去的以宗教为题材的家具，或是能感受到树木的温暖的老物件，以及被称之为 1950 年以后“设计”风格的家具。“不论你的素材是豪华制品还是低劣仿品，只要你选择带有禁欲主义色彩的设计，那么它就能起到调和空间的作用。”这就是他们的装饰诀窍。这种海纳百川的做法使这座城市里充满了新旧不同的各种古董，来此寻找这些古董的海外古玩爱好者也络绎不绝。

3

RA

在聚集了最新流行服饰的橱窗一角，有一个专门摆放太阳镜、古典布料等的角落。

1 | 2

1. 宛如艺术品的老式太阳镜十分独特 /2. 店铺里到处都是吸引人的崭新的艺术装饰品。静静露出微笑的雕刻会使你不由自主地出神

1 | 2

1. 树脂制作的犀牛头是十分流行的装饰用品。19 世纪的贵族会去北非殖民地狩猎，然后将猎物制成标本，装饰在自己的城堡中/2. 意大利产的朴素陶器，古物与现代制品巧妙地装饰在一起

4 TEIJINK

装饰设计师雷奥纳多・亚辛克的装饰品商店兼陈列室。

在此可以发现北欧、西班牙、意大利等欧洲各地富有个性的古董。

打算改良住宅的安特卫普人首先会去的地方就是城镇西部与斯克尔特河平行延伸的克洛斯提尔大街上的古董街。街道左右古董商店林立。在这里，游客们能够轻松地找到灯饰以及餐具类商品，但其中令收藏者们最为垂涎的则是出售“设计”家具、浴室用装饰品等的专业店铺，尤其是严格挑选古典礼服与 1930 ~ 1950 年流行的大型家具的前卫艺术商店。虽然这里的东西大多不是现货，但如果你想掌握最新流行的装饰式样，那就一定要来看看。

5 MARCY MICHAEL

模特出身的米卡埃尔先生专门鉴别1930～1980年的“设计”家具。这是一家让你在看到那些独特的家具时不由得露出笑容的店铺（最近这家店铺搬迁到了稍远的大街上）。

正面墙上展出、销售的是带有流行艺术感的椅子，据说特意造访这里的美国客人络绎不绝。

1. 坐在意大利建筑师让・玛秋设计的球形椅子上的米卡埃尔先生/2. 威利・旺・德尔・梅隆制作的便于运送菜品的手推餐桌，7500欧元/3. 1957年只制造了50台的菲利普・夏尔波诺设计的PIII电视

6

CHRISTIANE DE BOT

专于此道 25 年的克利斯提亚先生的商店里有精挑细选出的多种女性喜欢的精美玻璃杯、餐具类商品。

1 | 2

1. 手工雕刻的凹版印刷装饰极有魅力，6 个薄玻璃杯与玻璃瓶成套出售，150 欧元。由于价格都很便宜，所以常常令人难以取舍 /2. 虽然是家小店，但店铺中装饰的台布却显示出店主的品味与才智

7

ADELIN

只有在这个城市中，你才能用意想不到的价格买到精美的钻石。那不仅是石头，还是做工精巧的古董。

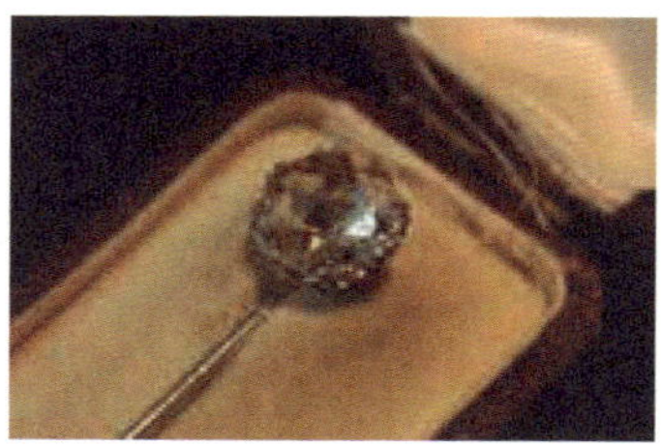

1. 运用独特的“荷兰玫瑰切割”工艺制作的华美钻石。5ct 钻石制作而成的奢华领带别针，2850 欧元 /2. 让人联想到蕾丝的 18 K金手工额饰，850欧元/ 3. 可爱的 19 世纪十字架，配上丝带就会变成短项链。850 欧元

1 | 3
2

另外，位于这条街北面的森·洋思布里特广场每周日都会开放跳蚤市场。这里出售的都是银制盘子、空瓶子以及首饰、纽扣等价格适中的小物件，因此推荐大家来逛逛这条古董街。

8 TANTE BROCANTE

到处都是年代较近的小家具与有创意且使用方便的老物件。因为这里的物品种类齐全，因此成了很多装潢设计师等专业人士的首选店铺。

1|2

1.店铺前陈列的改换了用途的老物件十分引人注目/2.过去罩在珍贵的钟表或装饰物外面的玻璃罩，最近流行的是在里面放入小动物的骨骼作为装饰。75～95欧元

9 DE POORT

像仓库一样宽大的店铺里放满了家具、小物件等古董，店铺里面还有咖啡角。

1|2

1.修女插画十分可爱。盛放比利时“特拉比斯奶油糖”的糖盒，12欧元/2.一侧的墙壁上装饰着众多的石版画、宣传画；巴黎观光宣传画，26欧元

各个年代的大型家具。听到难以想象的低价时，自己都怀疑是否听错了。

10

INTERNATIONAL 14

在 500 平方米的宽阔空间内，你能发现 7 位经销商精心挑选出的古董（最近迁往他处）。

1. 瑞典农家使用的朴素家具、19 世纪法国的吊灯、1900 年比利时锡铅混合材质的啤酒罐套装 250 欧元，这些都能成为趣味十足的装饰品。因为户外的光线能照进店铺内，所以令人感觉十分舒服 /2. 翻新 18 世纪的意大利教会时出售的天使翅膀，每个 600 欧元左右 /3. 印度尼西亚植物染制的铜板，60 欧元

店内陈列的丹麦、德国家具与现代艺术作品堆积如山。

11

46

在克洛斯提尔大街上，店铺前也是重要的展示空间。在这条流行古董街上，大多数店主都很风趣幽默 。

12

BLUE FONZ

以收集 19 世纪～ 20 世纪初英国与美国东海岸的家具为主，还有很多非常适合时尚男性的小物件。

1. 一眼望去就会被其吸引的巨大书架，据说是 1940 年哈佛大学图书馆使用的。店内弥漫着一股清漆的味道/ 2. 适合在开茶会时使用的点心架，220 欧元 /3. 1910 年的荷兰产白铁皮储蓄罐，28 欧元。白色的罐子是午餐盒

13

VIAR

美丽的女店主经营的时尚古典礼服与大型设计家具的新店铺。十分期待这家店今后的发展。

给人以洁净感的店铺内竟然如仓库般宽敞。女店主与模特有联系，而另一位优秀的男士则负责物色家具。两个时尚之人共同创办了这家店，女士礼服从带有舞台风的 20 世纪 50 年代服装到 20 世纪 80 年代的 YSL 一应俱全。

每周日 9 ～ 17 时在古董街上新绿交错的林荫道上开放的跳蚤市场。尽管是个小市场，但其中都是只要 50 元左右就能买到的老物件。

1 | 2 | 3

1. 在过去，洗衣服与熨烫衣物对于主妇来说是重大任务，因此衣服的领子与袖子都可以替换。放在皮盒中的衬衫领子，45 欧元 /2. 20 世纪 30 年代的化妆品包装盒上色彩斑斓，10 欧元起 /3. 流行的白铁皮罐，3 个 18 欧元

14 CHRISTEL DAUWE COLLECTION

经营 2000 多件圣诞玻璃装饰品的专业店铺。里面还有英国维克多利亚时期的天使像等收藏品。

1 | 2

1. 经营圣诞装饰品的克丽丝提尔 /2. 主要是 1870 年以后德国制造的玻璃装饰品，16.50 欧元起，较为珍贵的 42 欧元左右

探访有名的古董商的收藏品

安特卫普郊外曾经是当地贵族享受狩猎之乐的幽深森林，这里有一座古董商人阿克塞尔·佛沃尔特购买的12世纪的城堡。这座用于陈列兼居住的城堡中装饰着8000多件古董与艺术品。他和同为商务伙伴的妻子以及两个儿子一起住在这里。

他经营的古董从古希腊时代的雕像到柬埔寨高棉族的佛像，从中国明代的陶瓷到法国奥佛涅地区的雕刻花瓶，应有尽有。店内既有17世纪佛兰德斯派的作品，也有日本信乐烧的现代陶艺家的作品，还有“空间主义”创始人、20世纪意大利巨匠冯塔纳的作品，与这座城堡产生了一种绝妙的和谐感。因为艳羡城堡主人的品味而拜访这里的名人不胜枚举。

佛沃尔特先生的美之殿堂坐落在靠近运河的啤酒工厂遗址上，名为“卡纳尔”。在每年开放两次的展示房间中还会展出当年最新购买的艺术品与古董，另外还提供

展览室开放时，每个房间都会装饰上美丽插画的卡纳尔。

1 | 2

1. 用跨越时空的古董装饰而成的书房 /2. 在南海打捞沉船时，驾驶私人飞机购买到明朝瓷器的佛沃尔特先生。后面是高价购买到的蓝色染料

参加过巴黎、迈阿密、马斯特里赫特与世界商品博览会的古董商阿克塞尔·佛沃尔特先生。

上个世纪 50 年代的温谢尔皮沙发，36000 Dkr。如果算上邮费，买入价就会变为原价的 2 倍。

哥本哈根

在两大古董街上遇见北欧风格设计

通过日德兰半岛与德国陆地接壤、由443个岛屿组成的丹麦是大家时常提到的风力发电之国。这里的国民喜好洁净，以自行车作为主要交通工具，人口密度很低。大概正是因为这样，踏入这片土地的人才会提升思考力，进行感性的研究。

1

DANSK MØBEL KUNST

可以称得上是点燃芬·祖尔、阿诺·雅各布森等时尚家具商热情的店铺，在巴黎也有分店。

2005年去世的娜娜·狄洁尔制作的椅子，15000 Dkr。价格仍在飞涨中。

København

在哥本哈根，租借自行车作为交通工具会很方便。

1.装饰设计师薇薇安娜·托伦为乔治·杰森公司设计的手表。手镯形状的手表令人很想戴在手上/2. 20世纪60年代北欧的金属设计师汉斯·布恩迪制作的餐具。纯银餐具73件，29000 Dkr

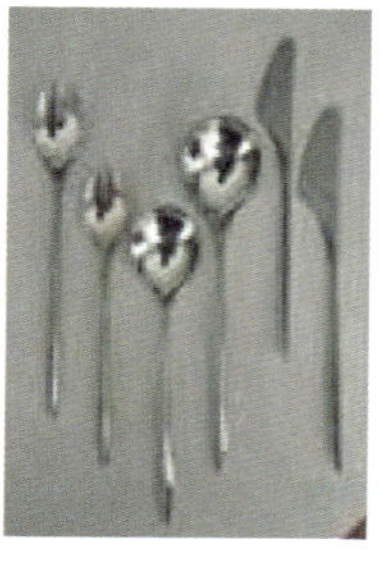

1
2

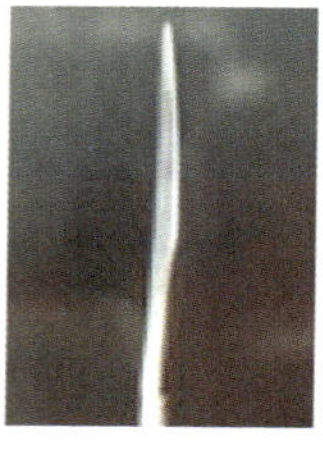

不仅漂亮，拿在手中时平衡度也非常好的精妙刀具。

2

DANISH SILVER

以乔治·杰森的名作为重点产品，囊括了北欧知名银器的商店。在这里，你能见到极为稀少的高价商品。

喜爱银器的店主会对每件银器作品进行详细说明。

3

JØRGEN L.DALGAARD

可以找到北欧新艺术时代中的
精品陶瓷器与青铜作品的店铺。

丹麦首都哥本哈根位于该国最大的岛屿——西兰岛之东，因安徒生的人鱼公主、琦波利公园等童话游览地而闻名。这里比日德兰半岛更加靠近瑞典，是一个与海洋、河、湖等水系共生的城市。古董跳蚤市场就集中在这里的布里盖特大街与西边的拉文斯大街上。

曾经船员聚集的纽哈恩地区，如今已是美味海鲜店与时尚餐厅鳞次栉比的哥本哈根知名美食街区。从这里可以前往工艺美术馆所在的布里盖特大街，那里是艺术画廊、老字号拍卖行等历史建筑林立的艺术中心地区。虽然价格较为昂贵，但那里能找到令人垂涎的优质古董。

1. 可以买到丹麦、瑞典、芬兰等国的玻璃手工艺品 /2. 前面是皇家哥本哈根公司生产的青瓷，2500 Dkr；后面是青铜制品，15000 Dkr

4

MONTAN

从拉文斯大街“升级”到布里盖特大街的银、玻璃艺术品专卖店。

稍早之前的布里盖特大街上满是中世纪时期的装饰用品、银器珠宝等，但它们大多已被外国经销商购得，剩余的都是价格较高的商品。这里较为吸引人的是以植物的形状、色彩等为主题的20世纪初人称“丹麦新艺术”的粗陶罐与青铜花瓶。虽然都是价格不菲的知名设计师作品，但能欣赏到这种成熟的作品也是一种享受。另外，样貌平凡却能变身时尚饰品的20世纪六七十年代的银首饰的价格大约是中世纪人气设计师大作的一半，千万不要错过！

弗兰·夏佛的作品《我的左手》是赫尔墨嘉德公司与乔治·杰森公司的联合作品，每个1300 Dkr。

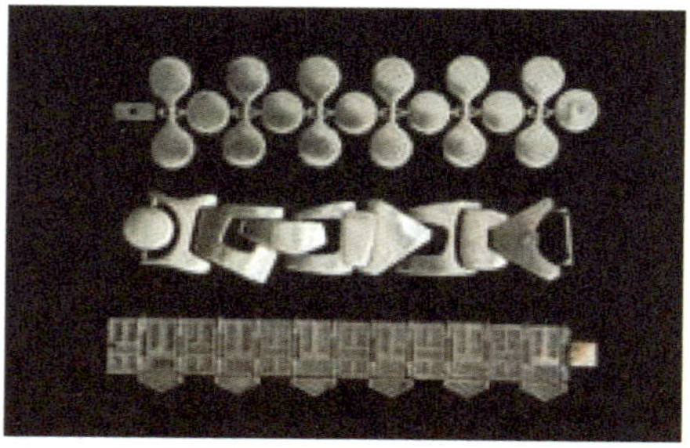

极具冲击力的手镯，上起为汉斯·汉森作品，18000 Dkr；本特·科诺森作品，24000 Dkr；欧蕾·B·佩提尔森作品，15000 Dkr。

与厚重的红木家具绝妙地搭配在一起，凸显出北欧高品位的中世纪艺术主题。

5

ANTIK & KUNST

拉文斯大街上非常出名的玻璃制品专卖店。这里不仅能买到丹麦的玻璃制品，还能买到瑞典等国制造的实用而美观的玻璃制品。

1. 在制造阶段加入金属就会产生美丽的红色。1860 ~ 1880 年的波西米亚红宝石玻璃，左起 750 Dkr、550 Dkr、600 Dkr/2. 朴素中见魅力的丹麦王室御用的赫尔姆嘉德公司生产的玻璃制品，不仅有玻璃杯，还有装饰用葡萄酒瓶、药瓶等 /3. 左起为杯脚造型时尚的 20 世纪 30 年代瑞典产高脚杯，150 Dkr；带有凹版雕刻的 1800 年德国制造的玻璃杯，850 Dkr；1957 年赫尔姆嘉德生产的玻璃杯，100 Dkr

形状好像孔雀开屏的椅子，作者为娜娜·迪塞尔。破损处可修复。

另外，在位于市内西北部、距离博塔尼卡尔花园很近的拉文斯大街上，有20多家价钱公道的古董店，是喜欢丹麦古董的人经常光顾的地方。每个季节都会举办古董展览会，或许你会淘到意想不到的珍品。除了像博恩霍尔姆岛上的粗陶调料罐等在其他国家很难看到的厨房用品外，这里还有令人想起北欧天空的银蓝、叶绿、雪白等如同将四季封闭于其中的美丽的花色玻璃，极具魅力。人们非常喜欢用这样的玻璃配上蜡烛，放在窗边作装饰。在寒冷的冬天，这样的装饰也会为经过的路人带来一丝温暖。

6 ANTIK HALLEN

商店内到处摆满了装饰品。有些专业人士会来这里挑选破损的物品，将其修好后作为商品出售（最近迁往郊外）。

1.从准备搬家的年轻情侣到收藏家，店铺里人来人往/ 2.时尚暖水瓶为20世纪50年代的塑料制品，100 Dkr。在大型家具的遮挡下，千万不要错过这种被隐藏起来的小物件

1 | 2

7

INGERSLEV ANTIK

拉文斯大街上的老字号店铺。从标签等印刷品到真正的古董家具，这里的商品种类繁多，拥有很多忠实粉丝。

球根类植物的水培器皿数量正在不断减少。图中是水培珍稀的藏红花球根时使用的专用容器。

1 | 2

1. 令人一见倾心的乳白色玻璃制品，德国制造 /2. 1950 年赫尔姆嘉德公司大量制作的玻璃花瓶，买入几个放在一起作装饰真是太棒了！ 250 Dkr

拉文斯大街上的古董展览会详情可通过 www.ravnsborggade.dk 查询。

8

SANKT HANS GADES ANTIK

出售各种丹麦厨房杂货的店铺，在这里能看到改换了用途的古典手包、饰品等。

20世纪30年代的喇叭形厨房量杯，数量众多，色彩鲜艳。

1 | 2

1. 前面摆放的是球根类植物专用水培容器，后面是过去医院借给患者的花瓶/2. 号称"丹麦的法国南部"的博恩霍尔姆岛出产的陶制调味瓶组。虽然我不懂丹麦语，但是感觉它们非常可爱

总能找到喜欢东西的圣诞装饰品店

丹麦国民的假期在7月。对于他们来说，要准备为漫长的冬天增添色彩的重大活动——圣诞节，就要从休假回来后的8月份开始。喜爱各种各样圣诞装饰的他们自然也不会停止对古董装饰品店的兴趣。在本地非常有名的维恩格女士的店里，出售产自德国、瑞典等地的20世纪初的玻璃装饰品以及小型圣诞树，真使我们大饱眼福。

另外，拉文斯大街也会在每年11月的第3个周末举办圣诞专场。这里有很多可以充当圣诞节礼物的小物件，是个值得一逛的市场。

1. 1920～1950年的圣诞装饰品，德国制作/2. 店主维恩格女士。为了采购，她的足迹甚至踏入了法国南部/3. 春夏季出售的瑞典农村桌椅、南法教会装饰品等带有北欧风情与简朴风格的古董

1 | 2 | 3

充斥着文化气息的奥登色的居民们十分喜爱古董，将其视为生活的一部分。

丹麦

菲因岛

在安徒生的出生地发现极品王室御用品

我第一次造访丹麦时正是阳光耀眼的初夏，那次我深刻体会到了这个国家的人们深深喜爱银色衣装的原因。那是在一家海边餐馆的露台上，那个时节的夜空即使在晚上也是明亮、碧蓝的。在我用餐时，漂浮在这样的夜空中的满月将它的光辉洒落在我身上。时间缓缓流逝，就在愉快的大餐即将接近尾声时，天空中好像突然落下了苍茫的大幕，顿时掩盖了海天之间的地平线。大幕让青色、蓝色以及深蓝色都为之一变，最终将所有一切都包裹进了褐色的黑暗中。那一刻的美妙时光令人想起这个国家生产的银制品，而那美好的光景则留存在了我的记忆深处。

稍稍远离中心街区、尽情展现自然风光的菲因岛上，布满了为私人游艇设置的港口。

Fyn

菲因岛的中心城市为奥登色。从哥本哈根乘坐特快列车大约需要1小时到达。自驾前往时，可以经由岛东端的尼坡到达，大约需要1小时。如果由此前往更西端的米泽尔法特、南部的斯文堡等，自驾大约需要40分钟。一边眺望着无限的田园风情，一边开车兜风也不失为一种享受。

1

HYTTEBALLE ANTIQUITETER

大学时代迷恋上古董、毕业后开始经营陶瓷器的M·休特贝尔先生的店铺。这里有各种各样带有动物、妖精等形象的雕塑。

1. 在宽敞的店铺内，我发现了人气度与"皇家哥本哈根"平分秋色的1853年创办的"Bing & Grondahl"窑的烧制品，还有在哥本哈根市内也很难找到的王室御用玻璃厂"Holmegaard"生产的玻璃制品，另外还有在小岛上的作坊中制作的银器。这里随处都是价格适宜的古董/ 2. 20世纪60年代Bing & Grondahl生产的6人用咖啡套装，345 Dkr

1 | 2

从哥本哈根向西行驶1小时，与贴着海面低空飞行的海鸥一起前行，穿过华丽的大桥后，你就会来到丹麦第三大岛——菲因岛。位于岛中心的奥登色因是该国代表人物——童话作家安徒生的故乡而广为人知。安徒生生前居住的房屋位于这座城市的郊外，已经被改造成了资料馆。我希望能在这座城市中发现丹麦王室御用银器工坊“GEORG JENSEN”（乔治·杰森）出品的古董。现在发现的是曾被认为是“不可能完成的任务”的工坊创建者杰森的杰作。它陈列在城市中的多家古董商店中，只要看上一眼，你就会驻足不前。

丹麦餐具上的温馨装饰非常可爱。纯银制造的果酱匙，左起依次为265 Dkr、145 Dkr、165 Dkr。

1.与周边氛围十分相称的流行糖果色油灯，20世纪50年代的赫尔姆嘉德公司生产，750 Dkr/2. 20世纪30年代至70年代的吊灯，500 Dkr左右就能找到你喜欢的。赫尔姆嘉德公司的产品为人气商品/3.5cm ~ 8cm大小的雕塑，可爱的表情让人不由自主地伸手触摸。Bing & Grondahl公司制造，295 Dkr；皇家哥本哈根也生产同样的雕塑，但是价格却要高出几倍/4.夏季午餐时使用的蓝绿色器皿，罕见的DANSK公司制品，4个一套495 Dkr

1	2	3
4		

2

DAMGAARD-LAURITSEN ANTIK

在里面有安徒生资料馆的“DAMGAARD-LAURITSEN ANTIK”古董店中，有着令收藏家艳羡的银制珠宝。

1 | 2

1. 在尽显豪华的店内，出售的都是迪拉夫妇收集来的古董珍品。从珠宝到陶器，这里的商品种类繁多，观赏几个小时都不会厌倦 /2. 令人联想到 Bauhaus 风格的砖造建筑物是最明显的标志

1 / 2

1. 20 世纪 30 年代至 60 年代活跃的“汉斯·汉森”工坊制作的项链，4800 Dkr；色泽鲜明的 20 世纪 30 年代胸针，1900 Dkr/ 2. 乔治·杰森出品的手镯，6006 Dkr；胸针左侧的 3900 Dkr，右侧的 4800 Dkr

1 | 3 / 2

1. 描绘出美丽线条的芬兰玻璃作家木奥纳·托尼制作的花瓶，3700 Dkr/ 2. J· 亚纳森（1884—1943）制作的精美花瓶，大小适宜，无论放入什么花都很好看。2400 Dkr/3. 左为丹麦新艺术派巨匠萨尔特的作品，18000 Dkr；右为斯堪的纳维亚现代作家卡尔·G 汉森的作品，1400 Dkr

在瑞典花瓶中插上花朵作装饰，用150 Dkr买入大小合适的玻璃杯，倒满葡萄酒喝一杯。

1. SmØr为黄油之意。过去用来保存各个农家手工制作的黄油或人造奶油的壶，125 ~ 225 Dkr/2. 丹麦拥有独特的蕾丝编织法与刺绣法。女工制作的19世纪亚麻编织品，150 Dkr

1 | 2

3

DEN GAMLE KOBMANDSGAARD

菲因岛南部的高级度假区，从斯文堡到通往斯比的道路两旁到处都是古董商店。

这里曾经是地主的宅院，现在变成了古董商店。

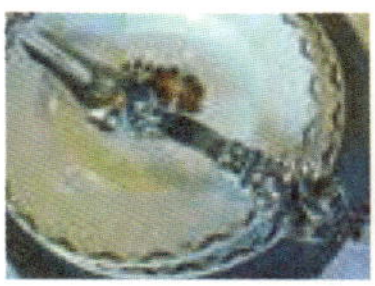

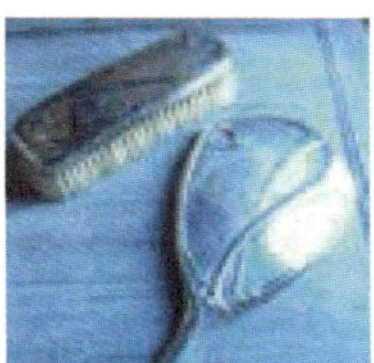

1 | 4
2
3

1. 婚礼礼品，很像过去维京人使用的巨大叉子。纯银制品，1150 Dkr/2. 象征北欧新艺术时代的手镜和衣服刷子。含银制品，每套450 Dkr/3. 设计师罗河路特制作的带有灯罩的20世纪30年代台灯，1850 Dkr/4. 实用又实惠的意大利老物件，会让女士们想在游玩时把它们带回家。商店里只能使用现金

4

MIDDELFART ANTIKVITETSHANDEL

银器专家让·托夫纳经营的古董商店。在后院能看到为了修复家具而忙碌的店主夫人的身影。

1775年起一直为王室御用品的高级品牌“皇家哥本哈根”的陶瓷器是国民的骄傲，至今仍为人们所喜爱。在特殊庆祝会上才会使用的“Blue Fluted Full Lace”（全花边唐草）、珍贵的绿色或粉色绘制的BLUE FLOWER系列瓷器等都是只有在远离首都的小岛上才能找到的稀有品。在位于通向尼德兰半岛的大桥旁的米泽尔法特、南方的斯文堡等城市中的古董商店里，你会与诸如此类的食器邂逅。

在一直延伸到丹麦的发祥地——奥尔胡斯的壮丽大桥旁，位于米泽尔法特历史资料馆旁的店铺。

农家使用的造型洗衣板2250 Dkr，刮胡刀盒子1820 Dkr，还有很多极少见到的民间手工艺品。

1 | 2

1. 这里的贵族向哥本哈根、奥登色等地的银匠订购的带有徽章的暖壶，4850 Dkr/2. 中国计量用的升，475 Dkr。右侧是由女工一针一线刺绣的布，1867年制作，750 Dkr

1
2

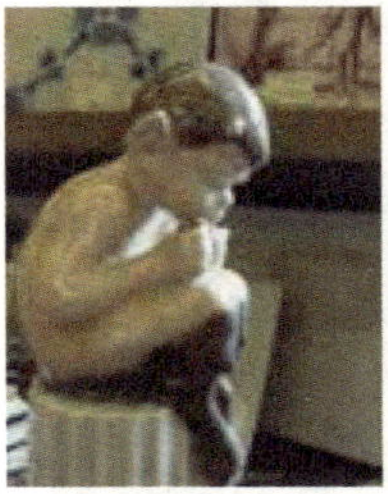

1. 弓着背的可爱小妖精雕塑，人气作家克里斯恰恩·汤姆森（1860-1921）的作品，650 Dkr/2. 认真做着缝纫的女孩子的雕塑，皇家哥本哈根出品，375 Dkr

过去用来收纳香烟的带锁小家具，1500 Dkr；中间摆放的是皇家哥本哈根出品的“Blue Fluted Half Lace”（半花边唐草）汤盘，1285 Dkr。

1 | 2 | 3 | 4

1. 据说在 1723 年时，由菲因岛上的贵族向尼德兰半岛南部的银匠史密斯·汉斯·巴克提出委托而制作的可收藏香水棉的便携式香料瓶。纯银镀金制品，6700 Dkr/2. 带有玻璃柄的沙拉勺为 1900 年制品，475 Dkr/3. 色彩美丽的 1850 年手工吹制吊灯，赫尔姆嘉德公司生产，950 Dkr/4. 正在宽敞的中庭里修复 1700 年的古老大钟的蕾吉女士

5

DEN GAMLE SKOLE

沿着以造型庭院与19世纪家具而闻名的伊埃斯科城堡南下的夏季休闲地，位于塔辛格岛的老字号古董店。

原来的小学校改造而成的克里斯托伐森先生的店铺，这里可以买到带有田园风情的古董。

除丹麦女性制作的针织品外，店主花大量时间收集的古董每件都值得细细品味。

1. 在20世纪70年代与皇家哥本哈根合并前，年产230万件瓷器的人气陶器工厂“阿罗米尼亚”1920年产的水壶/2. 德国产田园风情玻璃制品，珐琅瓷手工奶油壶为1870年制品，850 Dkr

1
2

1 3
2

1. 用金银丝刺绣而成的稀有高帽，1500年制品，3000 Dkr；1850年的手包，1500 Dkr/2. 18K金小项链坠985 Dkr，怀表链385 Dkr，十字架250 Dkr/3. 在漫长而封闭的冬天精心制作出的数件针织品：手套袋125 Dkr，蕾丝边针织垫100 Dkr，围裙125 Dkr

在古城宾馆中体验王族的优雅生活

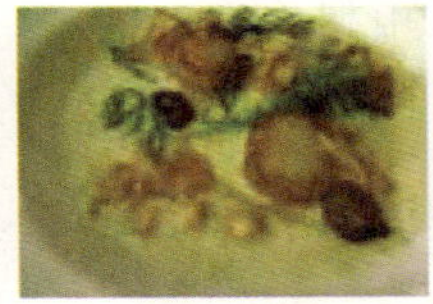

1. 有护城河包围着的城堡入口仿佛带我们进入了迪士尼的童话场景 /2. 拥有森林、湖泊的辽阔庭院，就算花上一天时间也无法全部游览完 /3. 在沉静的氛围中享受法国料理。即使不在这里住宿，只要提前预约，也可以享用午餐 /4、5. 客房全部按照英国的维多利亚式样进行装饰

1 | 2 3 / 4 5

丹麦人自谦地将自己的国家称为“小国”。实际上，如果算上格陵兰岛，丹麦的国土面积是欧洲最大的。丹麦王室还拥有欧洲现存最古老的传统。

❖

在曾经为王室、贵族等喜爱的菲因岛上，散布着一些用旧时贵族们居住的别馆或宅邸改造而成的历史宾馆。其中位于南部斯文堡的布罗赫尔姆城堡自1641年建成后，350多年来始终属于同一个侯爵世家，是一个历史悠久的古城宾馆。这里配有中世纪巴洛克式的独创家具与奢华的装修，让你充分体验化身为历史人物的感觉。坐在暖炉旁享受一顿丹麦传统饭菜后，在栽种着布罗赫尔姆苹果树的宽阔庭院里散步也是一件趣事。

❖

虽然会稍微花费一些时间，但是建议大家在旅行时从奥登色出发，在欣赏美丽的田园风光的同时去往位于南部的斯文堡的宾馆。

沙龙里放置着由东印度公司进口的日本清漆家具，它在这座城堡兴建时曾经备受瞩目。

她们如何从古董中获得乐趣

花卉设计师

市村美佳子

使市村女士感受到花瓶魅力的是一只20世纪30年代的波西米亚玻璃花瓶。图为在具有包容力的容器中华丽绽放的秋牡丹。

低垂的郁金香抬起了头，黄栌展开了它那如羽毛般轻盈的花茎……人气花卉设计师市村美佳子充分利用花草的自然之美，搭配出时而恬淡素雅、时而妖娆多姿的各种插花作品。

10年前，在拜访一位在京都与欧洲经营古董的古董商时，她购买了一只朴素并带有雕花的红宝石色波西米亚玻璃花瓶，这成为了她领悟到花瓶魅力的契机。在第一次使用那个花瓶插花时，她由衷地体会到了“为插花而制造容器”带来的舒畅感。

“现在很流行用日式盘子盛装西式餐点，或者随心所欲地使用器皿。但是，花瓶本身就是为了让花儿更加美丽而制造的物品，所以使用花瓶制作出的插花才会更加雅致。”

开始关注并寻找适合的花瓶时，她发现比起现代工艺品，古董类的花瓶种类更加多样。另外，现代花瓶很多都过深，她推荐的花瓶深度在17 ~ 22cm；而在古董花瓶中，这种深度的花瓶居多。

市村女士在主办工作室&教室“Velvet Yellow”的同时，还持续开展有益于地球的有机花朵的生产、普及等活动。著有《第一次插花》（雄鸡社）等。

“在我的教室里，我的课程中有教学生们在喜欢的花瓶中插入喜欢的花，而《好的容器更能完成好的插花》也获得了学生的好评。历经风霜的古董具有的包容力能够接纳任何式样的插花。”

自从开始在欧洲古董市场购物，至今她已经收藏了50多个古董花瓶。她对每个花瓶都爱不释手，不愿放弃它们中的任何一个。

深受日本影响的北欧20世纪初制作的花瓶（前列右数第三个），植物的枝条与色泽相得益彰。

左侧的小花瓶为荷兰乌特勒克产，买入价3欧元；另外还有产自法国南部、丹麦、韩国等的色彩斑斓的多件花瓶藏品。

咖啡店主
泷本玲子

咖啡店的一角，随处可见带有字母“R”的装饰品。店里到处都是高品位的老物件。

在东京西麻布街的一角，咖啡店“R”掩映在一片海棠花中。这里是经营设计事务所的泷本玲子女士为了实现自己的梦想而在2011年9月开办的一家咖啡馆。

荷兰的农家长裙搭配MARUNI胸针，尽显时尚。经常会有店里的常客仿效她的时尚品味。

在“R”中，时间似乎过得很慢，令人感觉仿佛回到了昔日的巴黎街头的咖啡店。在店内装饰上，店主希望“用日常用品打造出一个满是自己喜爱的东西的空间”，因此她用自己喜欢的带着温暖之感的古董、老物件等装饰出了一个色彩斑斓的世界。泷本女士曾经在日本的古董家具店中购买

泷本女士非常喜欢变形的铝制品。左侧的器具是在巴黎的东南亚料理店中购得的。

在泷本女士每天工作的柜台里，井然有序地摆放着很多她喜爱的老物件；精美的红茶包也成了装饰设计的一部分。

过英国衬衫盒等古董。不过，最近她购买的很多自己想要的东西的买价都超过了物品本身的“正常价格”。因此，在店铺开业时，她通过古董拍卖网站、二手用品店等以适宜的价格买到了一批不论名气大小都具有美感的家具。

喜欢大件家具与铝制厨房用品的泷本女士每次去欧洲旅行时都要前往古董跳蚤市场转转，然后买回白瓷盘、已经使用得变了形的铝盘子，以及已经看不见制造商名称的厨房秤等各种各样的东西。因此，她的咖啡店里到处都点缀着带有“朴素之美”与“难以言表的韵味”的古董与老物件，这些东西至今仍然继续作为工具展现着自身的价值。

用手工果子露制作的热姜茶。店里引以为傲的健康热饮还曾刊登在餐饮杂志上。

布艺作家
松浦香苗

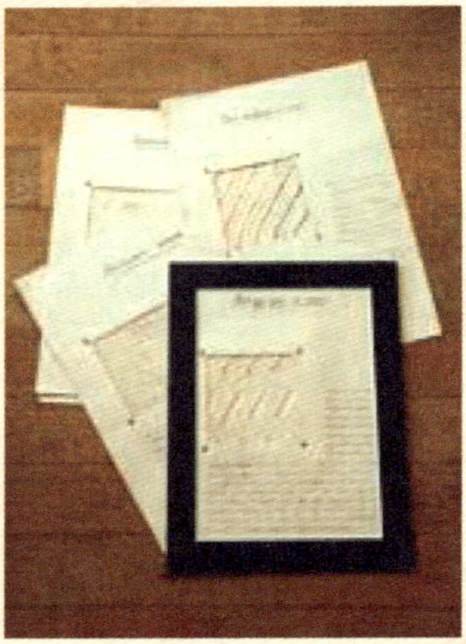

在荷兰的纺织品市场中发现的编织样品。这些东西即使不会马上用到，也可以作为资料提前买回来。

布艺作家松浦女士不仅通过电视与出书教授大家拼贴布的技巧，还研究古典纺织品并将战后美国的生活文化进行延续。从20多年前开始，她每年都会去巴黎两次，并以此为中心前往欧洲各地的古董市场。她曾经对各种事物都很感兴趣，但近几年却只光顾手工用品店，在那里购买一些纽扣、布带等手工艺品零件。

在法国南部的一家古董店里，松浦女士偶然发现了一个装有缎带与边框装饰品的箱子，从此与手工艺零件结下了良缘。即便只剩下半截也不舍得扔掉、依然被珍惜地保存起来的手工艺零件讲述着原主人对女性手工艺品的爱。松浦女士感受到了这种强烈的感情，她购买了很多这样的原料。

从此以后，她会购买为手工艺品锦上添花的象牙皮带扣、可爱的胡桃纽扣、装饰艺术时期用于礼服上的流苏、刺绣等华丽的手工艺品零件进行再加工，再次唤醒它们，使它们成为时尚饰品。另外，她还会将崭新的包装用品、古典纺织品等巧妙地组合成精美的作品。

“手工艺曾经被视为是女性的修养，女性极为珍惜针线、剪刀等手工艺品用具。这一习惯一直持续到战后。在服饰用品抽屉中，全部都是能够证明缝纫是多么令人感到幸福的事情的美丽工具。另外，在高级时装之都巴黎还有很多专门收集服饰品零件的职业人士。在欧洲的古董市场上，那些能够创造出美梦的手工艺品零件正在沉睡中。向年轻人传达女性的历史与生活文化，这是我作为艺术家的使命。”

在说过以上这段话后，松浦女士探索手工艺品零件的旅程还会继续。

身边积攒了小山一样的布料与手工艺品小物件，普通的拼贴画变成了世界上独一无二的艺术品。

只把它们看作是一种消耗品简直是种侮辱。尺子与丝线在松浦女士的审美眼光与魔法之手的创造下获得了新生。

将便携直尺设计成项链，这种艺术品位真是令人折服。在东京与京都开展课程的松浦香苗女士，著有《手工制作带来的幸福》《美国古典编织收藏品》（文化出版局）等42本著作。

精心制作的象牙扣、用圣诞装饰品制作而成的项链，只使用针线进行制作是松浦女士的饰品制作原则。

尾　声

1997年，作为集英社期刊发行的《欧洲古董市场之旅指南》是对在杂志《SPUR》上连载一年之久的《欧洲古董市场游》进行的总结归纳。当时，电视节目《万能鉴定团》正在热播，对于时尚很敏感的年轻女性想去古董市场寻找怀旧古董或时尚古典礼服的意愿空前高涨。

虽然这种愿望很强烈，但是在网络上却很难轻松地找到一个可以进行古董交易的场所，古董市场还被认为是"要么都是假货，要么漫天要价"的可怕地方。为了消除这种印象而在美丽的商品旁标注了买入价的这本期刊不仅获得了业余爱好者的好评，而且也被专业人士评选为实用的"古董市场指南书"。

欧洲统一成为欧盟之后，对于欧洲市场之旅已经轻车熟路的我把闲逛古董市场当成了家常便饭。与此同时，在我首次向自己开办的文化沙龙"小塞纳库尔"中的学生介绍古董市场时，我萌生了想要向人们介绍日本人所不知道的古董市场的想法，但那时还没有决定要出版此书。在这种情况下，我获得了身为摄影师的景山正夫等好友的帮助，这才使我能够在欧洲各地的古董市场与古董街区中游走，并最终将它们集结成册。

这些资料一度曾被束之高阁，幸而遇见了担任本书编辑的土居悦子女士才得以重见天日。与前一著作《巴黎——魅惑的古董》一样，她为本书添加了大量精美而引人注目的收藏品，在此我表示由衷的感谢。另外，我也要向从大量的数据中精选出适合的照片、使人获得身临其境之感的设计师津嶋佐代子表示感谢。

今年春天，在巴黎租住了6年的公寓进行改建，它是我在欧洲的长期据点。在搬动各种雕刻品时，我再次环顾我的家，那些旅行时的美好回忆在我的脑海中复苏，而在各地购买的古董则鲜活地展现着它们的魅力。“我会在日常生活中爱护并使用买入的古董，并且将我的风格传达给下一代。”这就是我的座右铭。在即将开始第二次巴黎生活时，已经与古董市场邂逅并成长了25年的我想要去寻找适合我的宝物，希望能够再次与它们相遇。

写于新绿盎然的东京　石泽季里